8

イントロダクションシリーズ

Introduction to Social Welfare

障害者に対する支援と
障害者自立支援法

成清美治・伊藤葉子　編著

学文社

執筆者

＊成清　美治　神戸親和女子大学（第1章）
＊伊藤　葉子　中京大学（第2章）
　西内　香織　近畿医療福祉大学（第3章）
　田引　俊和　北陸学院大学（第4章）
　斎藤　尚子　高野山大学（第5章）
　手嶋　雅史　椙山女学園大学（第6章）
　樋澤　吉彦　名古屋市立大学（第7章）
　田中　和彦　日本福祉大学（第8章）
　赤井　朱美　神戸親和女子大学（第9章）
　河口　尚子　名古屋女子大学（第10章）

(執筆順：＊は編者)

はじめに

　わが国の障害者福祉は，「心身障害者対策基本法」を改正した，「障害者基本法」(1993)の成立に伴い，障害者の完全参加と平等，雇用に関する民間事業者の責任，国と地方公共団体の責務等が規定された。そして，1995年から2002年までの7か年計画で「障害者プラン～ノーマライゼーション7か年戦略」が策定された。この視点は，①地域で共に生活するために，②社会的自立を促進するために，③バリアフリー化を促進するために，④生活の質（QOL）の向上をめざして，⑤安全な暮らしを確保するために，⑥心のバリアを取り除くために，⑦わが国にふさわしい国際協力・国際交流を，の7つから構成されている。また，2003年から10か年の障害者福祉計画が策定された。そして，障害者に対するサービス利用方式が措置制度から支援費給付制度に変わり，2003年から開始された。しかしながら，この制度は精神障害者を対象にしていなかったこと，制度の財政的問題等があって，2005年10月に「障害者自立支援法」が成立，翌年の2006年から順次施行された。

　この法律のポイントは，①障害者施策を3障害一元化したこと，②利用者本位のサービス体系に再編したこと，③就労支援の抜本的強化を図ったこと，④支給決定の透明化，明確化を図ったこと，⑤安定的な財源の確保を図ったこと，等である。現在，3障害者の諸サービスは，障害者自立支援法に基づいて実施されている。

　このテキストは，社会福祉養成課程の教育カリキュラムに基づいて作成したもので，全体の構成は，第1章から第10章とし，各章ともに図表，用語解説，福祉の仕事に関する案内書，学びを深めるために，プロムナード等によって学生，現場の従事者等が学びやすく，理解を深めやすいように配慮した。

　執筆陣には，ベテランの大学教育関係者，中堅の大学教育関係者，新進気鋭の研究者，現場経験豊富な専門職者等を揃えて，本書の充実を図るように心掛けた。

　なお，本書の出版にあたり心より支援していただいた学文社代表田中千津子氏に深く感謝する次第である。

　2012年2月

執筆者を代表して
成清美治
伊藤葉子

目　次

第1章　障害者福祉の発展過程とその意義 ―――――――――――――― 1

1. 障害者福祉とは ･･･ 2
   (1) 障害者の定義と実態・発生原因　2／(2) 障害者福祉の意義　3
2. 障害者福祉理念の発達過程 ･･････････････････････････････････････ 4
   (1) 世界人権宣言　4／(2) 障害者に対する人権宣言・権利条約　5
3. ノーマライゼーション ･･ 6
4. 障害者の自立とリハビリテーション ･･････････････････････････････ 7
   (1) 障害者の自立　7／(2) リハビリテーション　8
5. 障害概念の変容　11
   (1) 国際障害分類（ICIDH）　11／(2) 国際生活機能分類（ICF）　13
6. 障害者虐待防止法と改正障害者基本法の成立　14

第2章　障害者を取り巻く社会情勢，福祉・介護需要 ―――――――― 17

1. 障害者の生活実態 ･･ 18
   (1) 生命，生活，人生の視点を　18／(2) ライフステージに応じた支援が必要　18／
   (3) 障害者の生活実態　20
2. 障害者の福祉・介護需要の実態 ･･････････････････････････････････ 22
3. 障害者の地域移行や就労の実態 ･･････････････････････････････････ 24
   (1) 地域移行状況　25／(2) 就労の状況　25

第3章　障害者福祉制度の発展過程 ――――――――――――――――― 29

1. 戦後の障害者福祉 ･･ 30
2. 高度経済成長期と障害者福祉 ････････････････････････････････････ 31
3. 障害者基本法と障害者計画 ･･････････････････････････････････････ 32
4. 社会福祉基礎構造改革と障害者福祉 ･･････････････････････････････ 34

第4章　障害者自立支援法① ―――――――――――――――――――― 37

1. 障害者自立支援法の概要―障害者自立支援法制定までの経緯 ････････ 38
   (1) 措置委託制度（措置制度）　38／(2) 支援費支給制度　38
2. 障害者自立支援法の理念と目的 ･･････････････････････････････････ 39
   (1) 障害者自立支援法のポイント　40／(2) 障害者自立支援法におけるサービスの全体像　42
3. 障害者福祉サービスの種類 ･･････････････････････････････････････ 42
   (1) 具体的なサービス内容（介護給付）　43／(2) 具体的なサービス内容（訓練等給付）　44
4. 障害程度区分判定の仕組みとプロセス ････････････････････････････ 45
5. 支給決定の仕組みとプロセス ････････････････････････････････････ 46
6. 障害者自立支援法と介護保険の関係 ･･････････････････････････････ 46
7. 利用者負担，および障害者自立支援法の見直し ････････････････････ 47

第5章　障害者自立支援法② ―――――――――――――――――――― 51

1. 障害者支援施設の種類 ･･ 52

(1) 日中活動事業　52／(2) 居住支援事業　53／(3) 旧身体障害者福祉法により運営されていた身体障害者更生援護施設を経営する事業（法附則41条1項）　53／(4) 旧知的障害者福祉法の規定による知的障害者援護施設を経営する事業（法附則58条1項）　54／(5) 旧精神保健及び精神障害者福祉に関する法律による精神障害者社会復帰施設を経営する事業（法附則48条）　55

　2　補装具・住宅改修の種類..56
　　(1) 補装具　56／(2) 住宅改修　57
　3　自立支援医療..57
　4　地域生活支援事業，苦情解決，審査請求..58
　　(1) 地域生活支援事業　58／(2) 苦情解決（障害者自立支援法に基づく指定相談支援の事業人員及び運営に関する基準27条）　59／(3) 審査請求　60
　5　障害者自立支援制度の最近の動向..60

第6章　障害者自立支援法における組織および団体の役割 ─── 63

　1　国・都道府県・市町村の役割..64
　　(1) 国と地方自治体の責務　64／(2) 障害者自立支援法における国・都道府県・市町村の責務　64／(3) 市町村の役割と実際　66／(4) 都道府県の役割と実際　69／(5) 国の役割と実際　71
　2　指定事業者等の役割..73
　　(1) 指定事業者等の責務　73／(2) 指定障害福祉サービス事業者・指定障害者支援施設の役割とその基準　73
　3　労働関係機関の役割..75
　　(1) 障害者の就労・生活支援の背景　75／(2) 公共職業安定所（ハローワーク）の役割　78／(3) 障害者職業能力開発校の役割　78／(4) 障害者職業センターの役割　79／(5) 障害者就業・生活支援センターの役割　80
　4　教育機関の役割..80
　　(1) 教育機関における特別支援教育の背景　80／(2) 特別支援教育を行うための体制整備と必要な取り組み　81／(3) 障害者福祉施策及び特別支援教育施策との連携における役割　82
　5　障害者自立支援制度における公私の役割分担......................................84
　　(1) 公私の役割の変化　84／(2) 指定障害福祉サービス事業者の経営主体の変化　85／(3) 新しい公共サービスの課題　85

第7章　障害者自立支援法における専門職の役割と実際 ─── 89

　1　ソーシャルワーク実践と価値・倫理..90
　　(1) 障害福祉分野のソーシャルワーク実践における「価値」の意味　90／(2) ソーシャルワークの「価値」の構造　90
　2　相談支援専門員..93
　　(1) 相談支援専門員の位置づけ　93／(2) 相談支援専門員の役割と実際　94
　3　サービス管理責任者..96
　　(1) サービス管理責任者の位置づけ　96／(2) サービス管理責任者の役割と実際　96／(3) サービス管理責任者の障害福祉サービスの質の管理　97
　4　生活支援員等の役割と実際..97
　5　居宅介護等従業者の役割と実際..98

第8章　障害者自立支援法における多職種連携・ネットワーキングと実際 ─── 101

　1　はじめに－障害者福祉分野における連携の基本的視点－............................102

2 医療関係者との連携‥‥‥‥‥‥‥‥‥‥‥‥‥‥‥‥‥‥‥‥‥‥‥‥‥‥‥‥ 102
　（1）医療関係者との連携の意義　102／（2）医療関係者との連携　103／（3）保健機関との連携　104
3 精神保健福祉士との連携‥‥‥‥‥‥‥‥‥‥‥‥‥‥‥‥‥‥‥‥‥‥‥‥‥‥ 104
　（1）精神保健福祉士とは　104／（2）精神保健福祉士との連携の意義　105
4 障害程度区分判定時における連携‥‥‥‥‥‥‥‥‥‥‥‥‥‥‥‥‥‥‥‥‥‥ 106
　（1）相談・申請　106／（2）障害程度区分認定調査・概況調査　106／（3）医師意見書　106／（4）一次判定　107／（5）二次判定　107／（6）審査請求　107
5 サービス利用時における連携‥‥‥‥‥‥‥‥‥‥‥‥‥‥‥‥‥‥‥‥‥‥‥‥ 107
　（1）サービス担当者会議とは　108／（2）サービス担当者会議の目的　108／（3）サービス担当者会議の方法　109／（4）サービス担当者会議における連携の留意点　109
6 労働関係機関関係者・教育機関関係者との連携‥‥‥‥‥‥‥‥‥‥‥‥‥‥‥‥ 110
　（1）労働関係機関関係者との連携　110／（2）教育関係者との連携　110
7 連携の課題‥‥‥‥‥‥‥‥‥‥‥‥‥‥‥‥‥‥‥‥‥‥‥‥‥‥‥‥‥‥‥‥ 111

第9章　相談支援事業所の役割と実際 ─── 113

1 相談支援事業所の組織体系‥‥‥‥‥‥‥‥‥‥‥‥‥‥‥‥‥‥‥‥‥‥‥‥‥ 114
　（1）相談支援とは　114／（2）相談支援の体制　115／（3）相談支援事業所とは　117／（4）相談支援事業所の役割　118／（5）自立支援協議会　121
2 相談支援事業所の活動の実際‥‥‥‥‥‥‥‥‥‥‥‥‥‥‥‥‥‥‥‥‥‥‥‥ 122
　（1）相談支援のフローチャート　122／（2）障害者福祉サービスを取り巻く現状と相談支援の提供体制　123

第10章　障害者に関する法律 ─── 129

1 身体障害者福祉法‥‥‥‥‥‥‥‥‥‥‥‥‥‥‥‥‥‥‥‥‥‥‥‥‥‥‥‥‥ 130
　（1）身体障害者福祉法の制定の経緯　130／（2）身体障害者福祉法の目的　130／（3）身体障害者福祉法における身体障害者　130／（4）身体障害者手帳　131　（5）身体障害者福祉法の実施体制　131／（6）身体障害者更生相談所　131／（7）身体障害者社会参加支援施設　131
2 知的障害者福祉法‥‥‥‥‥‥‥‥‥‥‥‥‥‥‥‥‥‥‥‥‥‥‥‥‥‥‥‥‥ 132
　（1）知的障害者福祉法の制定の経緯　132／（2）知的障害者福祉法の目的　132／（3）知的障害者福祉法における知的障害者　132／（4）知的障害者福祉法の実施体制　132／（5）知的障害者更生相談所　133／（6）療育手帳制度　133
3 精神保健及び精神障害者福祉に関する法律（精神保健福祉法）‥‥‥‥‥‥‥‥‥ 135
　（1）精神保健福祉法の制定の経緯　135／（2）精神保健福祉法の目的　135／（3）精神保健福祉法における精神障害者　135／（4）精神保健福祉法の実施体制　135／（5）精神保健福祉センター　135／（6）医療および保護　136／（7）精神障害者保健福祉手帳　136
4 発達障害者支援法‥‥‥‥‥‥‥‥‥‥‥‥‥‥‥‥‥‥‥‥‥‥‥‥‥‥‥‥‥ 136
　（1）発達障害者支援法の制定の経緯　136／（2）発達障害者支援センターの役割　137
5 障害者基本法‥‥‥‥‥‥‥‥‥‥‥‥‥‥‥‥‥‥‥‥‥‥‥‥‥‥‥‥‥‥‥ 138
　（1）障害者基本法の制定の経緯　138／（2）改正障害者基本法（平成23年）の内容　138
6 その他の法律‥‥‥‥‥‥‥‥‥‥‥‥‥‥‥‥‥‥‥‥‥‥‥‥‥‥‥‥‥‥‥ 139
　（1）心神喪失等の状態で重大な他害行為を行った者の医療及び観察等に関する法律（医療観察法）　139／（2）高齢者・障害者等の移動等の円滑化の促進に関する法律（バリアフリー新法）　140／（3）障害者の雇用の促進等に関する法律（障害者雇用促進法）　141

索　引 ─── 145

第1章

障害者福祉の発達過程とその意義

1 障害者福祉とは

(1) 障害者の定義と実態・発生原因

「障害者基本法」(1993) によると「『障害者とは』身体障害，知的障害又は精神障害があるため，継続的に日常生活又は社会生活に相当な制限を受ける者をいう」(同法第2条) と定義している。

各法の定義を見るとまず，身体障害者福祉法では身体障害者を「別表に掲げる身体上の障害がある18歳以上の者であって，都道府県知事から身体障害者手帳の交付を受けたものをいう」(同法第4条) と定義している (なお，障害児に関しては，「児童福祉法」(第4条の②) において「障害児とは，身体に障害のある児童又は知的障害のある児童 (18歳未満) をいう」と定義している)。

次に，「知的障害者福祉法」(1998) では，「知的障害」に対する定義は別段ないため，一般的に全米精神遅滞協会 (AAMR) (2007年1月に全米知的・発達障害協会 (AAIDD) へ名称変更) の定義が用いられている。すなわち，同協会2002年の定義によると①精神遅滞とは，知的機能と概念・社会・実践的適応スキルで表現される適応行動のいちじるしい制約によって特徴づけられる障害である，②18歳以前に始まる，としている。

最後に「精神保健及び精神障害者福祉に関する法律」(1995) において，「『精神障害者』とは，統合失調症，精神作用物質による急性中毒又はその依存症，知的障害，精神病質その他の精神疾患を有する者をいう」(同法第5条) と定義している。

なお，今日の障害者の概数は，身体障害者3,483,000人 (平成18年第11回「身体障害児・者実態調査」より)，知的障害者547,300人 (平成17年「知的障害児 (者) 基礎調査」より)，精神障害者約3,230,000人 (平成20年「患者調査」より) となっており，それぞれ前回の調査 (平成13年「身体障害者実態調査」，平成12年「知的障害児 (者) 基礎調査」，平成17年「患者調査」) と比較して各障害者数とも増加している。

図表1－1　障害の種類別にみた身体障害者数の推移

	推　計　数（千人）					
	総数	視覚障害	聴覚・言語障害	肢体不自由	内部障害	重複障害（再掲）
昭和45年10月（'70）	1314	250	235	763	66	121
平成 3年11月（'91）	2722	353	358	1553	458	121
8年11月（'96）	2933	305	350	1657	621	179
13年 6月（'01）	3245	301	346	1749	849	175
18年 7月（'06）	3483	310	343	1760	1070	310

資料）厚生労働省「身体障害者実態調査」
出所）『国民の福祉の動向（2011/2012）』厚生労働統計協会，2011年，p.95より一部削除

図表1−2　知的障害児（者）総数

	総　　数	在　　宅	施設入所
総　　数	547300	419000	128300
18歳未満	125000	117300	7700
18歳以上	410300	289600	120700
不　　詳	12100	12100	−

資料）厚生労働省「知的障害児（者）基礎調査」
出所）『国民の福祉の動向（2011/2012）』厚生労働統計協会，2011年，p.101

　また，これらの障害の発生の原因を見ると身体障害（physical disability）の場合は，事故（交通事故，その他の事故），疾病（感染症，中毒性疾患，その他の疾患），出生時の損傷等となっている。また，その種類は視覚障害，聴覚・言語障害，肢体不自由，内部障害，重複障害等となっている。

　次に知的障害（intellectual disability）の発生の原因として，①先天性代謝異常（フェニールケトン尿症），②染色体異常（ダウン症候群）等，③妊娠中毒，④乳幼児期による感染症（脳炎，髄膜炎，麻疹等），栄養不良状態，頭部外傷等，⑤出産障害（頭蓋内出血，酸素欠乏等）等が考えられている。そのため母子・乳児健診による早期発見・早期療育が重要となってくる。なお，フェニールケトン尿症やクレチン症（血液型不適合）等は，適切な医学的処置によって未然に防ぐことができるようになってきている。

　精神障害（mental disorder）発生の原因として，①統合失調症は，幻覚や妄想などの認知障害とそれに基づく異常行動，自我意識の障害，人格の荒廃等として症状があらわれるが，原因は明らかではない。②精神作用物質による急性中毒またはその依存症の症状は心神喪失・心神耗弱であるが，その発生原因は薬物中毒（麻薬・覚せい剤等）による依存性物質による。また，アルコールによる急性中毒（病的酩酊）等である。③知的障害の発生原因は知的障害の項で説明したとおりである。④精神病質は人格障害ともいわれ，人格の逸脱による社会的不適合にその特徴があり，現在では「人格障害」（パーソナリティー障害）という言葉に置き換えられている。WHO（世界保健機関）の国際疾患分類では，「成人の人格及び行動の障害」に分類され，「精神疾患」として扱われている。なお，発生原因としては，一般的に遺伝的あるいは素質的なものと乳幼児期の人間関係によるものとが考えられている。

（2）障害者福祉の意義

　人間は誰でも「五体満足」であることを望む。しかし，先天的あるいは疾病や事故等の原因により身体あるいは精神に「障害」（最近では，「障がい」と表記する地方自治体や団体が増えている）を負った（あるいは罹患）場合，その人の日常生活の自立に対して「自助」（自らの力で自立するという意味と仲間同士の協同による自助の2つの意味がある），「共助」（地域社会を基盤にした家

世界保健機関
(World Health Organization：WHO)
　国際連合の専門機関の一つである世界保健機関は，1946年にニューヨークで開催された国際保健会議が採択した世界保健憲章に基づいて1948年に設立された。すべての人びとが最高の健康水準に到達することができるようにすることを目的とし，現在，本部事務局は，スイスのジュネーブに置かれている。なお，同機関の最高意思決定は，世界保健総会であり，全加盟国によって構成されており，総会は年1回開催されている。

族・地域社会・地方公共団体が相互に連関し協力して支援するシステム），「公助」（公的部門における福祉サービスのシステム）の3者の方法がある。今日の福祉サービスは，この3者の連携・協力が有機的に機能することによって，効果的・有効的な福祉サービスを提供することになる。

ところで障害者福祉（Social Welfare for Persons with Disabilities）は社会福祉の一分野として位置づけられているが，障害者福祉とは，身体的あるいは精神的障害のため社会生活への参加が困難な人びとに対する自立支援を目的とした援助活動とそれを支える諸政策をいう。すなわち，生活困難等を抱えている障害児・者に対してニーズを明らかにし，その人の生活の自立を図る対人福祉サービスである。ここに障害者福祉の意義がある。

現在，障害児・者の支援策は，「障害者自立支援法」（2005）によって展開されている。実施主体は市町村で，自立支援システムの全体像は，①介護給付（居宅介護，重度訪問介護，行動援護，療養介護，生活介護，児童デイサービス，短期入所，重度障害者等包括支援，共同生活介護，施設入所支援），②訓練等給付（自立訓練［機能訓練・生活訓練］，就労移行支援，就労継続支援，共同生活援助），③自立支援医療（更生医療，育成医療，精神通院医療），④補装具，⑤地域支援事業（相談支援，コミュニケーション支援，日常生活用具・移動支援，地域活動支援，福祉ホーム）のサービス等となっている（詳しくは第4章，第5章参照）。

2　障害者福祉理念の発達過程

(1) 世界人権宣言

世界で最初に人に値する権利である「生存権」（Right to Existence）を明記したのは，「ワイマール憲法」（Weimarer Verfassung）（1919）であった。同憲法第151条にて「すべての者に人間たるに値する生存を保障する」と謳っている。すなわち，すべての人間の生きる権利（＝生存権）がドイツ共和国憲法にて掲げられたのである。

その後，人権の尊重を掲げて登場したのが，第2次世界大戦後の第3回国連総会にて採択された「世界人権宣言」（Universal Declaration of Human Rights）（1948）である。この背景には，多くの人びとが犠牲になった第2次世界大戦の反省にたち恒久平和を願う世界の人びとの願いがあった。

この宣言は前文「人類社会のすべての構成員の固有の尊厳と平等で譲り渡すことのできない権利を認める etc.」と全文30ヵ条からなり，基本的人権，思想・良心および宗教の自由，表現の自由，平和，人間の尊厳並びに男女同権等を掲げている。第1条では「すべての人間は，生まれながらにして自由であり，かつ，尊厳と権利とについて平等である」とし，人間としての尊厳と権利の平

等性を謳っている。さらに、第2条は「すべて人は、人種、皮膚の色、性、言語、宗教、政治上その他の意見、門地その他の地位又はこれに類するいかなる事由による差別をも受けることなく、この宣言に掲げるすべての権利と自由とを享有することができる」と、差別に対する厳しい見解を示している。また、第22条では「社会保障を受ける権利」、25条では「衣食住、医療及び必要な社会的施設等により、自己及び家族の健康及び福祉に十分な生活水準を保持する権利」等を明記し、社会保障に対して人権としての地位を付与したものとなっている。このように全人類における人権擁護が世界人権宣言によって高らかに掲げられている。

(2) 障害者に対する人権宣言・権利条約

「障害者」に対する定義と人権擁護をはじめて規定したのは、第30回国連総会で採択された「障害者の権利に関する宣言」(Declaration on the Rights of Disabled Persons)(通称 障害者権利宣言)(1975)である。この宣言は、第26回国連総会が採択した「知的障害者の権利宣言」(Declaration on the Rights of Mentally Retarded Persons)(1971)を全障害者に広げたものであった。障害者の権利宣言のなかで「障害者という言葉は、先天的か否かにかかわらず、身体的又は精神的能力の不全のために、通常の個人又は社会生活に必要なことを確保することが、自分自身では完全に又は部分的にできない人のことを意味する」(同宣言第1条)としている。人権に関しては「障害者は、その人間としての尊厳が尊重され、生まれながらに権利を有している。障害者は、その障害の原因、特質及び程度にかかわらず、同年齢の市民と同等の基本的権利を有する」(同宣言第3条)としている。

知的障害者に対する諸権利を定めた前出の「知的障害者の権利宣言」は、「知的障害者は、最大限実行可能な限り、他の人間と同等の権利を有する」(同宣言第1条)として、知的障害者の権利を認めている。また、同宣言第2条で、「知的障害者は、適切な医療ケアと物理療法に対する権利、ならびにその能力を発達させ最大限の可能性を開花させうるような教育、訓練、リハビリテーションおよび指導への権利を有する」と定めている。

このように、第2次世界大戦後の全人類に対する人権の尊重と理念の高揚のもと、これまで差別の対象として社会の片隅に追いやられていた、障害者に対する「人権の尊重」、「生命の尊重」、「人格の尊重」等が各人権宣言の条文に明記されることによって、障害者の諸権利が認められるようになった。こうした国際的動向のもとで障害者福祉の理念が形成されるのであるが、障害者の人権や福祉に対する諸課題に対して多大なる影響を与えたのは、第31回国連総会が採択した「国際障害者年」(International Year of Disabled Persons)(1981)である。

また、1982年の国連決議による「障害者に関する世界行動計画」(World

Programme of Action Concerning Disabled Persons）のもとで，「国連・障害者の十年」（United Nations Decade of Disabled Persons）（1983-1992）が実施されることとなり，国連はこの期間を世界的規模での障害者問題の取り組み期間とした。

アメリカにおいても人種・肌の色・信仰・性別・出身国による差別を禁止した「公民権法」（1964）と「リハビリテーション法」（Rehabilitation Act）（1973）が制定された（身体障害者が電子技術や情報技術のアクセスをしやすくするため，1998年にリハビリテーション法第508条として改正される）。また，障害者に対する差別による保護を規定した画期的な法律である「障害をもつアメリカ人法（Americans with Disabilities Act）」（1990）が成立した。

そして，国際社会が障害者の権利並びに尊厳を促進することを目的とした国際条約である「障害者の権利条約」（Convention on the Rights of Persons with Disabilities）（2006）が第61回国連総会で採択された。この背景には，障害者の権利意識の世界的な高揚並びに障害者運動の活発化や障害者に対する権利侵害の多発化等がある。この条約は全50条からなっており，その第1条（目的）で，「この条約は，すべての障害者によるあらゆる人権及び基本的自由の完全かつ平等な享有を促進し，及び確保すること並びに障害者の固有の尊厳の尊重を促進することを目的とする」とあり，障害者の人権尊重と基本的自由について各国が推進することを謳っている。

3 ノーマライゼーション

知的障害者に対する差別意識，劣等処遇の撤廃を提唱したのがデンマーク人のニルス・エリック・バンク＝ミケルセン（Bank-Mikkelsen, Neils Erik）であった。バンク＝ミケルセンの思想の特徴は「障害がある人の基本的人権を認め，障害のある人とない人が同じ環境のもとで生活すること」であり，障害のある人とない人が共に暮らす社会を理想とした。

彼の福祉思想を育んだデンマークは今日では福祉先進国のひとつとして世界的に名高いが，彼が育った時代の同国の障害者福祉政策は決して進んだものではなかった。当時の知的障害者政策は隔離・保護主義が主体で，知的障害者に対して進んで優生手術を実施していたのである。ゆえに彼はこれらの知的障害者に対する差別的政策を改めるため「知的障害者の親の会」（1952～1953）を立ち上げ，知的障害者の運動を通じてノーマライゼーション（デンマーク語でNormaliserling）の思想を確立し，「知的障害者及びその他の発達遅滞の福祉に関する法律」（通称「1959年法」）の成立に寄与した。この法律の基礎的思想が「ノーマライゼーション」である。障害者に対する社会防衛思想の否定，親の育成責任，脱施設生活等の内容を織り込んだこの「1959年法」の制定により，デンマークの障害者政策が大きく転換されることとなった。

ノーマライゼーションの思想を生み出した背景には，信仰心に満ちたバンク＝ミケルセンの家庭環境と，第2次世界大戦中のドイツ軍収容所での非人間的扱いに対する体験があったことを見逃すことができない。また，彼が生まれ育ったデンマークの3賢人の影響を無視することはできない。彼らがバンク＝ミケルセンの思想形成に影響を与えたことが推測できる。彼らとは，実存主義哲学（「自己の存在，主体性のあり方を問う」）の創始者であるセーレン・キルケゴール（Kierkegaard, Sören；1813-1855）であり，同国の世界的に著名な童話作家で，平等社会を切望したハンス・クリスチャン・アンデルセン（Andersen, Hans Christian）であり，そして，同国の「近代精神の父」として慕われ国民の「自由」と「平等」思想を提起したグルンドヴィ（Grundtvig, N.F.S.；1783-1872）である。

　そして，ノーマライゼーション原理の「育ての親」であるスウェーデン人のベンクト・ニーリェ（Nirge, Bengt, 1924-）は，「知的障害者の生活をできるだけ健常者の生活に近づけること」を主眼として，1969年に「8つの原則」（①1日のノーマルなリズム，②1週間のノーマルなリズム，③1年間のノーマルなリズム，④ライフサイクルでのノーマルな発達段階の経験，⑤ノーマルな要求の尊重，⑥男性も女性もいる世界で生活する，⑦ノーマルな経済的基準，⑧ノーマルな建物の基準）を定めた。

　また，アメリカ人のヴォルフェンスベルガー（Wolfensberger, W.；1934-）は，アメリカに渡ったノーマライゼーションの原理をアメリカやカナダに紹介した。彼の思想の特徴は，ノーマライゼーションの理念を目標としてではなく，具体的手段としてサービスシステムの開発，研修を行ったことである。つまり，ノーマライゼーションの文化的あるいは社会的な面に対する役割を強調した。彼のアプローチに対して「同化主義」（社会が障害者をありのままに受け入れるのではなく，障害者が社会に適応すること）という批判もあるがノーマライゼーションのサービスシステムのプログラム分析の開発，研修に精力を注ぎ，具体的な実践を展開している。このようにデンマークの知的障害者の運動から端を発したノーマライゼーションは，障害者を社会から施設等に隔離・分離してケアするのではなく住み慣れた地域社会で日常生活を送れるためのケアをするのを原則とするのである。また，このノーマライゼーションの思想・理念は世界のリハビリテーションの発展に多大なる影響を与えたのである。

4　障害者の自立とリハビリテーション

(1) 障害者の自立

　障害者にとって，日常生活の「自立（independence）」は最も重要な課題である。元来，障害者に対する自立は経済的自立，職業的自立，身辺自立等を可能

とするADL（日常生活動作）を実現することとしてとらえられてきた。これらは重度の障害者にとっては困難な課題であるため自立することが難しい重度障害者は一方的に保護の対象として処遇されてきた。しかしながら1970年代にアメリカでおこった自立生活運動（Independent Living Movement）によって，これまでの自立の概念が崩壊し，重度障害者自らの選択により，自己決定（self-determination）することが重要であり，このことが自立につながり，最終的に自己実現（self-realization）の達成となるのだということになった。すなわち，ADLは他者の援助に任せ，QOL（生活の質）の向上にエネルギーが費やされるようになり，残存能力の活用を図ることによって，自己実現が可能となり，重度障害者の社会参加が可能となったのである。この障害者の自立と社会参加に関して，わが国の「知的障害者福祉法」は「この法律は，障害者自立支援法と相まって知的障害者の自立と社会経済活動への参加を促進するために知的障害者を援助するとともに必要な保護を行い，もつて知的障害者の福祉を図ることを目的とする」（第1条）と明記している。

ところで，アメリカで始まった障害者自らの自立生活運動の拠点として，1972年に自立生活センター（Center for Independent Living）がアメリカに開設された。この自立生活センターが提供する障害者の自立に向けてのプログラムが自立生活技術訓練（independent living skill training）である。このプログラムは障害者の社会生活力を高めることを目的としたものである。

(2) リハビリテーション

リハビリテーションの目的は，障害者の全人間的復権（自立・自己決定）をめざすところにある。リハビリテーション（rehabilitation）という用語は，外来の言葉でこれまで，「更生」や「社会復帰」あるいは「回復訓練」等と訳されてきた。歴史的には，中世のヨーロッパにおいて王がはく奪した部下の地位・身分を再び回復すること，あるいは宗教的な破門の取り消しという意味に使用したが，語源的にみるとrehabilitationという語は，re-（再び）と語幹のラテン語の形容詞であるhabilis（適した，fit）と-ation（〜にすること）から成っている。すなわち「再び適したものにすること（to make fit again）」を意味する。この場合のhabilisまたはfitとは「人間たるにふさわしい」ということであり，リハビリテーションの意義は，人間たるにふさわしい権利・資格・尊厳・名誉が何らかの原因によって傷つけられた人に対し，その権利・資格・尊厳・名誉などを回復することを意味する[1]。そのポイントは，「障害者の全人間的復権」である。

20世紀に入り，身体的あるいは精神的な障害のために社会生活に復帰できない人びとに対して，医学的治療に加えて，教育的，社会的，職業的，地域的等の援助を行うことによって，社会復帰をめざす総合的な考え方が主流となっ

自立生活運動
(Independent Living Movement)

IL運動。1970年代のアメリカでの重度障害者を主体とした新しい自立観を提起した運動である。障害者の基本的人権を重視する理念である自立生活思想に大きな影響を与えた。従来の伝統的な自立観は経済的，職業的自立や身辺自立を重視し，身辺自立の困難な重度障害者，職業的自立が容易でない障害者は自立困難な存在として取り扱われていた。

その結果，隔離や被保護的な生活を余儀なくされていたのである。この運動は日常生活動作（ADL）の自立から障害に適した生活者全体の内容（QOL）を充実させる行為，すなわち，自己決定権の行使をすることと自らの責任と判断により主体的に生きることを自立として重視する方向を明らかにした。

た。

　次に、リハビリテーションが注視されるようになったのは、第1次世界大戦後の大量の傷痍軍人への社会復帰対策として用いられるようになったことにはじまる。さらに、第2次世界大戦における戦傷障害者の増加は、リハビリテーションの推進を促した。

　そして、アメリカでは、「戦傷軍人リハビリテーション法」(1918)が制定され、続いて同国で、軍人以外の身体障害者の自立に関係の深い「職業リハビリテーション法（Vocational Rehabilitation Act）」(1919)が制定された。さらに第2次世界大戦後は、戦場における被弾等による負傷が各国での傷痍軍人を増加させ、リハビリテーションの必要性が増すこととなった。また、イギリスで、「障害者リハビリテーションに関する各省合同委員会」(1940)が、アメリカで、「全米リハビリテーション審議会」(1943)が設立されたことにより、リハビリテーションが世界的に注目されることとなった。

　最後に、リハビリテーションの定義に関する代表的なものを挙げると、①全米リハビリテーション審議会の定義がある。すなわち、「リハビリテーションとは、障害者をして、可能な限り、身体的、精神的、社会的及び経済的に最高度の有用性を獲得するように回復させることである」(1943)としている。ここでは、リハビリテーションのあり方を提示しているが、具体性に欠けている。ただ、当時としては画期的なものであった。

　また、②世界保健機関（World Health Organization：WHO、以後 WHO を用いる）は「リハビリテーションとは医学的、社会的、教育的、職業的手段を組み合わせ、かつ、相互に調整して、訓練あるいは再訓練することによって、障害者の機能的能力を可能な限り最高レベルに達せしめることである」(1968)とし、リハビリテーションを医学的リハビリテーション、社会的リハビリテーション、教育的リハビリテーション、職業的リハビリテーションの4つに分類した。

図表1-3　WHO によるリハビリテーションの分類

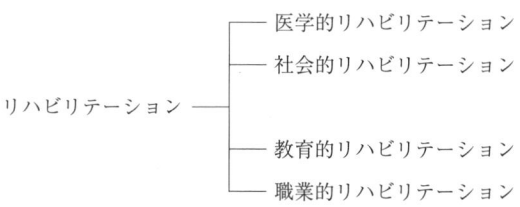

　そして、③国連の「障害者に関する世界行動計画」(1982)の定義は「リハビリテーションとは、身体的、精神的、かつまた社会的に最も適した機能水準の達成を可能にすることによって、各個人が自らの人生を変革して行くための手段を提供していくことを目指し、かつ、時間を限定したプロセスである」と

している。ここでは，人生の目標を設定するのは障害をもった人自身であり，障害をもった人びとが自らの人生を変革するための手段を提供するのがリハビリテーションであるとし，これまでの理念と体系を大きく変化させた。すなわち，これまで，障害の解決は医療専門家（「医学モデル」）として位置づけられていたのが，この定義ではリハビリテーションは当事者自身（「生活モデル」）によるものであるという考え方に移行している。この定義は現在，世界的に共通の認識として定着しているが，より現実的な対策は，国・行政側の諸施策の実施であり，当事者の社会変革意識と行動である。具体的方法として社会的弱者である障害者の人権擁護を基盤に社会参加，社会環境の改善，社会意識の変革，諸施策を促進するソーシャルワークの援助方法のひとつであるソーシャルアクション（social action）の活用がある。このように現代のリハビリテーションは障害を「医学モデル」側面のみでとらえるのではなく，「生活モデル」の側面からもとらえられるようになった。この定義は世界共通の認識として定着しているが，この障害概念に関しては次節で述べる。

　わが国の医療において，リハビリテーションを最初に導入したのは，東京帝国大学整形外科の教授であった高木憲次（1888-1963）である。彼は，日本で最初の肢体不自由児学校である光明学校（1932）や整肢療護園（現・心身障害児総合医療療育センター）（1942）を開校し，その治療過程においてわが国で最初にリハビリテーションを導入した。そして，身体障害児に対しては，医療と養育が大切であるとし，「療育」という言葉を初めて使った。戦後のリハビリテーションは「身体障害者福祉法」のもとで，戦傷者をはじめ肢体不自由者，視覚・聴覚障害者に対して法的保護のもとで福祉施策がはじまったが，現在と異なって，リハビリテーション（＝更生）の意味のもとで保護が行われた。一方，京都帝国大学を出て滋賀県に勤務していた糸賀一雄（1914-1968）は，戦後，滋賀県に知的障害児施設である「近江学園」（1946）を創設した。その後，重症心身障害児施設の「びわこ学園」を創設し，わが国の知的障害児に対する福祉の発展に貢献した。彼は20年にわたって独自の福祉・教育を実践し「精神薄弱児の父」と称されたのである。

　ところで，わが国のリハビリテーションに関連する本格的な施策は「国際障害者年」（1981）の影響のもと策定された，1982（昭和57）年の「障害者対策に関する長期計画」である。この長期計画に基づいて障害者対策が推進されることとなった。そして，1993（平成5）年度から10年間にわたる障害者基本計画として，「障害者対策に関する新長期計画」が策定されることとなった。そして，同年12月に「心身障害者対策基本法」が「障害者基本法」に改正された。さらに，1995（平成7）年12月には，障害のある人びとが地域で生活を送ることができる社会の建設をめざした「障害者プラン―ノーマライゼーション7か年戦略―」が発表された。また，従来の「障害者基本法」の期限を迎えて，

高木憲次
（たかぎけんじ；1888-1963）
東京帝国大学医学科を卒業後，整形外科学講座教授となる。1916（大正5）年以降，東京のスラム街で肢体不自由者の実態調査・巡回診療にあたる。
　1922（大正11）年のドイツ留学時に見聞したクリュッペルハイムに示唆をうけ，帰国後，肢体不自由者の教育・治療・職業訓練を可能とする施設設立を図る。1932（昭和7）年には，日本で最初の肢体不自由児学校・光明学校，1942（昭和17）年には整肢療護園（現・心身障害児総合医療療育センター）を開設した。

糸賀一雄
（いとがかずお；1914-1968）
1940（昭和15）年に滋賀県吏員となり，戦時中は食糧課課長に就任している。戦後の1946（昭和21）年に近江学園を設立，それ以来20年にわたって独自の福祉・教育実践を行った。「精神薄弱児の父」と称される人物である。当時，わが国において支配的であった障害者福祉における保護主義的観点を引き受けながら「この子らを世の光に」と願い，その実践の中から紡ぎ出された「発達保障」論は，糸賀における福祉哲学の到達点といえる。

2002（平成14）年12月に新たなる障害者基本計画，すなわち，「新障害者基本計画」が閣議決定された。この計画の基本概念はリハビリテーションとノーマライゼーションの理念に基づく「共生社会」の実現をめざすものであった。また，この計画を推進するために「重点施策実施5か年計画」（新障害者プラン）が同年同月に障害者施策推進本部によって決定された。現在，新障害者プランにおいて，わが国のリハビリテーションとノーマライゼーションの理念が統合化されることによって継承されており，今後も継続されることとなっている。また，2000（平成12）年に成立した「社会福祉の増進のための社会福祉事業法の一部を改正する法律」に基づいて障害者の福祉サービスを行政が決定する「措置制度」から事業者と利用者が対等な関係で契約によりサービスを利用する「支援費支給制度」へ移行した。

その後，支援費支給制度の利用増大による自治体の財政負担問題，自治体間のサービス格差の問題等が生じた。そのため，現在，2005（平成17）年の「障害者自立支援法」の成立によって，サービスが実施されている（第4章，第5章参照）。

なお，高齢化社会の進展と疾病構造の変化にともなって，リハビリテーションの果たす役割が重要となっている。なかでも認知症高齢者の認知機能障害に対するリハビリテーション・ケアのあり方が注目されている。2004（平成16）年には，「高齢者リハビリテーション研究会」の中間報告書のなかで，高齢者の状態に応じた「脳卒中モデル」，「廃用症候群モデル」，「認知症モデル」の3分類のモデルが新しく高齢者リハビリテーションとして提示された。

ところで，近年，健常児と障害児を連続した教育システムとしてとらえるインクルージョン（inclusion）の思想が，障害者の就労支援に導入されるようになった。すなわち，障害の種別の枠にとらわれない，障害者の能力に合わせた就労という形態をとった個人のニーズに適した就労支援が障害者の自立と社会参加を可能にすることになる。

5 障害概念の変容

(1) 国際障害分類（ICIDH）

WHO（世界保健機関）が，障害の概念に関する国際共通的な理解として，1980年に世界初の国際障害分類（International Classification of Impairments, Disabilities, and Handicaps：ICIDH，以後ICIDHを用いる）を発表した。この背景には，20世紀に入ってから平均寿命の伸び，慢性疾患の増加，障害をともなう疾患の増加，それに戦争等による障害者の増加，人権思想の高揚もあって，これまで国際統計協会により，1893年に分類されていた「国際疾病分類（International Classification of Diseases：ICD）」（その後，所轄がWHOとなり，幾

度か改訂され1993年1月より，ICD-10が使われている）では対応できなくなった。

そこで，国際障害分類への制定作業が1972年から開始され，1980年にWHOから「機能障害・能力障害・社会的不利の国際分類」（ICIDM）が試案としてだされ，1982年に国際分類として正式なものとなった。試案がだされた年は，1981年の国際障害者年の前年にあたり，このICIDHの概念は国際障害者年の行動指針である「障害者に関する世界行動計画」の基本理念にも導入された。このモデルは，疾患（disease）または変調（disorder）が原因となって，①機能・形態障害（impairment）が原因で，②能力障害（disability）を生じ，③社会的不利（Handicap）となるというものである（図表1－4参照）。

このようにICIDHは障害を3つに分類した。ここで，それぞれについて説明をする。まず，①機能形態障害とは，心理的，生理的又は解剖的な構造あるいは機能の喪失・異常をいう。いわゆる疾病・変調により，日常生活や社会生活において困難を生ずるような状態・状況をいう。

次に，②能力障害は，機能障害のため社会生活において，その人の能力低下や機能減退により，日常生活動作（activities of daily living：ADL），コミュニケーション等がうまく行えない状態・状況をいう。

最後に，③社会的不利とは，機能障害や能力障害の低下によって，他の人びとのように日常生活や社会参加の面等において，社会的に不利益を被る状態・状況をいう。

このようにWHOの障害分類の意義は，障害を構造的な概念モデルとしてとらえ，障害に対する基本的な考え方を構築し，世界中に示唆したところにある。しかしながら，このモデルは障害をマイナスの側面からとらえ，環境が障害に与える影響について配慮が欠落していることが指摘された。

図表1－4　疾病と障害の構造（ICIDHモデル）

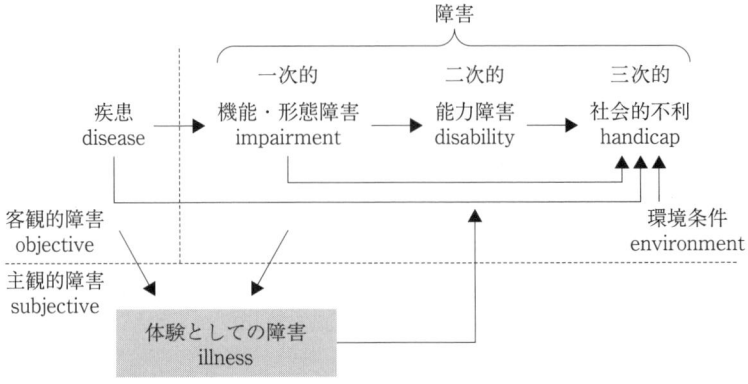

出所）上田敏『目でみるリハビリテーション医学（第2版）』東京大学出版会，1994年，p.3

(2) 国際生活機能分類 (ICF)

　WHO は，ICIDH モデルの欠陥を改訂するため，1990 年代からその作業にとりかかった。そして，1997 年に改訂案（ICIDH-2）を提案した。そして，2001 年 5 月の WHO 総会において，国際生活機能分類（International Classification of Functioning, Disability and Health：ICF，以後 ICF）が採択された。このモデルは，従来 ICIDH モデルが障害をマイナス面のみとらえ，障害レベルの関連を示す矢印が一方向であった。これに対してこの ICF モデルは生活者の視点から障害をとらえているため，矢印が双方向につけられて障害を中立的にとらえ，人と環境との相互作用を重視している。また，これまで，障害をマイナス面のみ強調する傾向があったのに対して，潜在的な力を開発することにつながるプラス面も評価した（図表 1 − 5 参照）。

　このモデルが障害を 3 つのレベルに規定している点は，ICIDH と同じである。ただ，ICIDH との違いは，機能障害を「心身機能と身体構造」に，能力障害を「活動」に，社会的不利に「参加」を用いている。そして，「心身機能活動」，「参加」，「活動」という 3 つの生活機能（人間が生きていくための機能全体）が低下した状態を「機能・構造障害」，「活動制限」，「参加制約」とし，これらを総称して障害（＝生活機能低下）としている。

　たとえば，脳梗塞という「病気」に罹患する，その後遺症のために歩行困難という「機能障害」が生じる。そのため，移動制限をうける。しかし，杖，歩行器，車イス等の補助器具の使用により移動が可能となり，移動制限をうけることが減少する。このように ICF の考え方は，病気になっても即，活動制限や参加制約とはならないのである。すでに述べたように障害のマイナス面ではなく，プラス面を重視しようという点でも ICIDH と ICF の考え方は大きく異なっているのである。

図表 1 − 5　ICF の構成要素間の相互作用

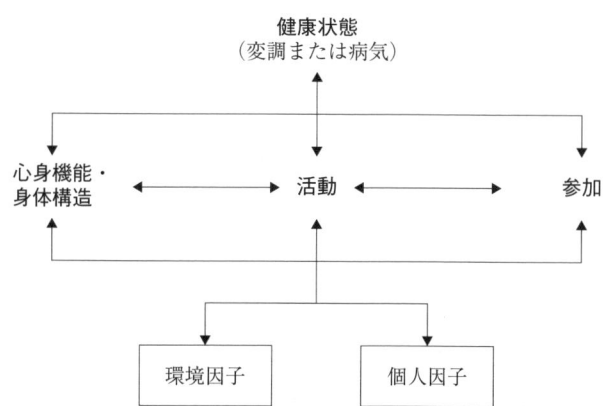

出所）障害者福祉研究会編『ICF・国際生活機能分類―国際障害分類改定版―』中央法規，2002 年，p.17

ICIDHでは生活機能の低下を招く原因を「疾患」としていたのを，ICFでは広くとらえて「健康状態」とし，3つの生活機能（心身機能，活動，参加）の間には相互関係がある。また，健康状態や背景因子（個人の生活における背景全体）である環境因子（個人をとりまく物的環境，社会的環境）や個人因子（性，年齢，価値観等）が3つの生活機能に影響を与えるのである。

一方，ICFモデルは，「医学モデル」と「社会モデル」に関して，次のような立場をとっている。つまり，前者は障害をあくまで個人の問題としてとらえ，障害は病気・変調に起因するとし，医学的側面から治療する。これに対して，社会モデルは障害を主として社会によって作られたものであるとし，障害のある人の社会への統合（ノーマライゼーションの理念を具体化するもの）として，とらえている。ICFモデルは，これらの2つの対立するモデルの統合をめざしたものとなっている。いずれにせよ，このモデルは障害者問題を個人的でなく，社会的にとらえることを主眼としたモデルである。

6　障害者虐待防止法と改正障害者基本法の成立

2011年6月17日に長年の懸案事項であった「障害者虐待防止法」が児童虐待防止法，高齢者虐待防止法につづいて成立した。施行は2012年10月1日となっている。同法の目的は虐待の予防と早期発見により，障害者の人権を守ることである。

また，その特徴は，①障害者に対する虐待を発見した市民は市町村に通報義務がある（ただし，通報を行った施設職員等に解雇等の不利を被らないよう保護する規定を盛り込んだ）。②障害者に対する虐待の疑いがある家庭に対する市町村の立ち入り調査ができること等である。なお，虐待を，①身体的虐待，②性的虐待，③心理的虐待，④ネグレクト，⑤経済的虐待等と規定している。

つづいて，2011年7月29日に「改正障害者基本法」（正式名称：「障害者基本法の一部を改正する法律」）が成立した。

今回の法律改正の目的は障害者と障害者でない者との地域社会における共生の実現にある。また，国・自治体に対して，障害者に対する教育，医療，介護などの確保を求めている。なお，法律改正にともなって障害者の定義が旧法の「身体障害，知的障害又は精神障害」から「身体障害，知的障害，精神障害その他の心身の機能の障害がある者」となり，障害者の規定範囲が拡大化した。同法の成立を受けて今後，障害者自立支援法の廃止とそれにともなう障害者総合福祉法の制定・施行が考えられている。

注）
1) 上田　敏『リハビリテーションを考える』青木書店，1991年，pp.6-7

参考文献

成清美治・阪田憲二郎・青木聖久編著『精神保健福祉援助技術Ⅰ（総論）』学文社，2008年

成清美治・伊藤葉子・青木聖久編著『障害者福祉』学文社，2008年

仲村優一他監修／岡本民夫他編集『エンサイクロペディア社会福祉学』中央法規，2007年

プロムナード

「障害者の権利条約」が2006年12月13日の第61回国連総会本会議場で採択されました。わが国は翌年の9月に署名しましたが，残念ながら，2011年3月1日現在未だ条約を批准していません。この条約は，国際人権法に基づいたもので，すべての障害者の尊厳，自由，平等，正義等を認めた人権条約です。日本政府も一日も早くこの条約を批准し，障害者にとって，差別のない住みよい社会の実現に向けて国民は一体となって努力をしなければなりません。

学びを深めるために

湯元健治・佐藤吉宗『スウェーデン・パラドックス』日本経済新聞出版社，2010年
　この本は，スウェーデンが何故，高福祉社会・高競争力経済を維持できるのかを解き明かした好著である。社会保障・社会福祉と経済の安定・成長は表裏一体の関係である。その謎をこの本で理解することができる。

ノーマライゼーション思想の特徴と意義について考えてみよう。

福祉の仕事に関する案内書

成清美治・真鍋顕久編著『社会保障』学文社，2011年

第2章

障害者を取り巻く社会情勢，福祉・介護需要

1 障害者の生活実態

(1) 生命，生活，人生の視点を

障害者の生活を支援する際，QOL（Quality of Life：生命・生活・人生の質）への視点が支援者には求められる。なぜなら，生命活動の安全・安心・安定があってこそ，日々の生活の組み立てが可能となり，毎日の暮らしの上に一人ひとりの人生が形成されるからだ。

暮らしの基盤は，介助を含む毎日の生活の安定によって成り立つ。どのような居住形態をとり，自分らしい空間をつくるか，起床，就寝，入浴をいつし，何を食べ，どうやって生活のリズムをつくるか。こうした日々の営みが，全身性の重度障害や知的な障害，精神の障害により他者による日常生活支援を利用しながら，地域で暮らし，その人らしい人生を形づくるための，まさに土台となる。近年では，医療的ケアを必要とする人の地域生活支援にも取り組まなければならない。

その人らしい日々の暮らし方は，時に他者の手を借りながら，本人を尊重した形で組み立てられ，実現するものである。本来，こうした暮らし方は，どの人にも保障されなければならない。

今後は，こうしたサービス資源の豊かさとその質を低下させず，維持，向上と利用者の多様化にともなう細やかな個別ケアの両立，地域社会における相互の人間関係構築が支援者に求められる。

(2) ライフステージに応じた支援が必要

人生のどの時点で障害のある状態になるのかは，誰にもわからない。先天性ないしは，生後間もなくのこともあれば，人生の最期を迎える時に障害のある状態になるかもしれない。

国連「障害者の権利条約」の第1条目的は，機能障害（impairment）が，「種々の障壁と相互に作用することにより，機能障害のある人が他の者との平等を基礎として社会に完全かつ効果的に参加することを妨げることがある」と指摘している[1]。誰もが，社会に参加することを妨げられる可能性を有しているともいえる。

誰とどこで暮らすのか，医療，教育，労働，文化活動，司法等，一人ひとりのライフステージに応じた支援が必要となる。また，ライフステージのどの時点で，障害のある状態になったのかによっても求められる支援は異なるであろう。

「障害者基本法の一部を改正する法律」が2011（平成23）年7月29日に成立，一部施行された（図表2－1）。同法の第1条では，「全ての国民が，障害の有無にかかわらず，等しく基本的人権を享有する個人として尊重されるものであ

生活の質
（quality of life：QOL）

QOLは「自分自身に対する満足感，充実感，安心感，幸福感」など個人の意識面を中心にとらえる立場と，「人びとの幸福，満足な生活にするための社会システムの創造」として生活の質を社会環境から考える立場とがある。「生活の質」の向上の客観的条件づくりが公的に保障されるとともに，個々人が自分の生活の質をどううけとめ，どのようにしていきたいかの視点が取り入れなければならない。アメリカ環境保護庁はQOL要因として，経済的環境，政治的環境，物的環境，社会的環境，健康，自然環境をあげている。

障害者の権利条約

障害者の権利および尊厳を保護・促進するための包括的・総合的な国際条約。障害者の尊厳，個人の自律・自立，非差別，社会参加，インクルージョン等を一般原則とし，教育，労働，社会保障等に関する権利保障や，アクセシビリティ・情報へのアクセス・合理的配慮等が規定されている。2006年12月の第61回国連総会本会議で採択され，2007年3月に署名が始まった。日本は2007年9月に署名したが，2010年現在，まだ批准されていない。

図表2-1　障害者基本法の一部を改正する法律案【概要】

総則関係（公布日施行）

1) 目的規定の見直し（第1条関係）
・全ての国民が、障害の有無にかかわらず、等しく基本的人権を享有するかけがえのない個人として尊重されるものであるとの理念にのっとり、全ての国民が、障害の有無によって分け隔てられることなく、相互に人格と個性を尊重し合いながら共生する社会を実現する　等

2) 障害者の定義の見直し（第2条関係）
・身体障害、知的障害、精神障害その他の心身の機能の障害がある者であって、障害及び社会的障壁（事物、制度、慣行、観念等）により継続的に日常生活、社会生活に相当な制限を受ける状態にあるもの　等

3) 地域社会における共生等（第3条関係）
・「相互に人格と個性を尊重し合いながら共生する社会」の実現は、全ての障害者が、障害者でない者と等しく、基本的人権を享有する個人としてその尊厳が重んぜられ、その尊厳にふさわしい生活を保障される権利を有することを前提としつつ、次に掲げる事項を旨として図る
・全て障害者は、あらゆる分野の活動に参画する機会が確保されること
・全て障害者は、どこで誰と生活するかについての選択の機会が確保され、地域社会において他の人々と共生することを妨げられないこと
・全て障害者は、言語（手話を含む。）その他の意思疎通のための手段についての選択の機会が確保されるとともに、情報の取得又は利用のための手段についての選択の機会の拡大が図られること　等

4) 差別の禁止（第4条関係）
・障害者に対して、障害を理由として、差別することその他の権利利益を侵害する行為をしてはならない。
・社会的障壁の除去は、それを必要としている障害者が現に存し、かつ、その実施に伴う負担が過重でないときは、その実施について必要かつ合理的な配慮がされなければならない。
・差別等の防止に関する啓発及び知識の普及　等

5) 国際的協調（第5条関係）
・1)に規定する社会の実現は、国際的協調の下に図られなければならない。

6) 国及び地方公共団体の責務（第6条関係）
・3)から5)までに定める基本原則にのっとり、施策を実施する責務

7) 国民の理解（第7条関係）
・国及び地方公共団体は、基本原則に関する国民の理解を深めるよう必要な施策

8) 国民の責務（第8条関係）
・国民は、基本原則にのっとり、1)に規定する社会の実現に寄与するよう努める。

9) 障害者週間（第9条関係）
・事業の実施に当たり、民間団体等と相互に緊密な連携協力を図る

10) 施策の基本方針（第10条関係）
・障害者の性別、年齢、障害の実態に応じて施策を実施
・障害者その他の関係者の意見を聴き、その意見を尊重するよう努める。

基本的施策関係（公布日施行）

1) 医療、介護等（第14条関係）
・障害者の性別、年齢、障害の状態、生活の実態に応じ、適切な支援を受けられるよう必要な施策
・身近な地域において医療、介護の給付等を受けられるよう必要な施策を講ずるほか、人権を十分尊重　等

2) 教育（第16条関係）
・年齢、能力に応じ、その特性を踏まえた十分な教育が受けられるよう、障害者でない児童及び生徒と共に教育を受けられるよう配慮しつつ、教育の内容及び方法の改善及び充実を図る等必要な施策
・調査及び研究、人材の確保及び資質の向上並びに学校施設その他の環境の整備の促進　等

3) 療育（第17条関係）
・身近な地域において療育その他これに関連する支援を受けられるよう必要な施策　等

4) 職業相談等（第18条関係）
・多様な就業の機会を確保するよう努めるとともに、個々の障害者の特性に配慮した職業相談、職業訓練　等

5) 雇用の促進等（第19条関係）
・国、地方公共団体、事業者における雇用を促進するため、障害者の優先雇用その他の施策
・事業主は、適切な雇用の機会を確保するとともに、個々の障害者の特性に応じた適正な雇用管理

6) 住宅の確保（第20条関係）
・地域社会において安定した生活を営むことができるようにするため、住宅の確保、住宅の整備を促進するよう必要な施策

7) 情報の利用におけるバリアフリー化等（第22条関係）
・円滑に情報を取得・利用し、意思を表示し、他人との意思疎通を図るよう必要な施策
・災害等の場合に安全を確保するため必要な情報が迅速かつ的確に伝えられるよう必要な施策　等

8) 相談等（第23条関係）
・障害者の家族その他の関係者に対する相談業務

9) 文化的諸条件の整備等（第25条関係）
・障害者が円滑に文化活動、スポーツ又はレクリエーションを行うことができるよう必要な施策

10) 選挙等における配慮【新設】（第26条関係）
・選挙等において、円滑に投票することができるため、投票所の施設、設備の整備等必要な施策

11) 司法手続における配慮等【新設】（第27条関係）
・刑事事件等の手続の対象となった場合、民事事件等の当事者等となった場合、権利を円滑に行使できるよう、個々の障害者の特性に応じた意思疎通の手段を確保するよう配慮するとともに、関係職員に対する研修等必要な施策

12) 国際協力【新設】（第28条関係）
・外国政府、国際機関又は関係団体等との情報の交換その他必要な施策

障害者政策委員会等（公布の日から起算して1年を超えない範囲内において政令で定める日）

国）障害者政策委員会（第30～33条関係）
・中央障害者施策推進協議会を改組し、非常勤委員30人以内で組織する障害者政策委員会を内閣府に設置　等
・障害者、障害者の自立及び社会参加に関する事業に従事する者、学識経験者のうちから任命
・障害者基本計画の策定に関する意見具申。同計画に関し調査審議し、必要があると認めるときは意見具申
・同計画の実施状況を監視し、必要があると認めるときは総理又は総理を通じて関係各大臣に勧告
・関係行政機関の長に対し、資料の提出、意見の開陳、説明等の協力を求めることができる。　等

地方）審議会その他の合議制の機関（第34条関係）
・地方障害者施策推進協議会を改組し、その所掌事務に障害者に関する施策の実施状況の監視を追加　等

出所）厚生労働省、2011年6月30日、障害保健福祉関係主管課長会議資料

るとの理念にのっとり、全ての国民が、障害の有無によって分け隔てられることなく、相互に人格と個性を尊重し合いながら共生する社会を実現する」ことが目的とされた。

また、第3条では、地域社会における共生等が明確に示され、あらゆる分野の活動に参加する機会の確保、どこで誰と生活するかについての選択の機会が確保され、地域社会において他の人びとと共生することを妨げられないこと、言語（手話を含む）その他の意思疎通のための手段についての選択の機会が確保され、情報の取得又は利用のための手段についての選択の機会の拡大が図られることが明記された。

2006（平成18）年実施の「身体障害児・者実態調査」によると、障害発生時の年齢階級は在宅の身体障害者の場合、視覚障害、聴覚・言語障害、肢体不自由、内部障害のいずれも、40～64歳が最も多い。また、2003（平成15）年「精神障害者社会復帰サービスニーズ等調査」によると、精神障害の発生時の年齢は20歳未満が4割を超え、統合失調症においては、20歳未満が56.2%、40歳以上が6.2%、統合失調症以外（うつ病等）については、20歳未満が29.3%、40歳以上が30.7%である。

年齢階層別の障害者数は、65歳以上の割合が平成8年調査では、52.7%、

2001年では60.2%，2006年では61.8%と増加傾向にある。特に身体障害においては，高齢になるほど人口比（対千人）は60～64歳で48.9人，65～69歳で58.3人，70歳以上で94.9人と高く，総人口の高齢化とともに今後も増加することが予想される。3年ごとの「患者調査」によれば，精神障害もまた，65歳以上人口の割合が増加している。知的障害については，発達期に障害認定を受けることが多い現在の障害認定を踏まえると，18歳未満の割合が他障害よりも高い。他方で，総人口に占める高齢化率よりも65歳以上人口の割合が1995（平成7）年実施の「知的障害児（者）基礎調査」で2.6%，2000（平成12）年調査で2.8%，2005（平成17）年調査で3.7%と低いことが，健康面等でなんらかの支援が必要な人が多いことを予想させ，加齢にともなう日常的な支援が必要といえるだろう。

「障害者基本法の一部を改正する法律」にあるように，「障害」は心身の機能に障害があるものが，障害および社会的障壁（事物，制度，慣行，観念等）によって継続的に日常生活，社会生活に相当な制限をうける状態をいう。人生のどの時点で障害が発生するかによっても，家族構成，職業等の社会生活経験の有無，収入等の所得保障は個別に異なる。社会的状況によって，「障害者」は障害させられている者といえる。

(3) 障害者の生活実態

暮らしのなかでも住まいの状況は，身体障害者の場合，自身の持ち家率が57.7%，家族の持ち家と合わせると8割を超える（厚生労働省「身体障害児・者実態調査（平成18年）」）。知的障害者は「自宅の家やアパート」が82%，精神障害者では「家族と同居」が76.8%と最も割合が高いが，グループホーム等の支援つき住宅を利用する人もいる（厚生労働省「知的障害児（者）基礎調査（平成17年）」）。在宅の身体障害者は同居者有の場合84.7%，配偶者有の場合60.2%と割合が高い。在宅の知的障害者は同居者の割合が3障害のなかで94.7%と最も高いが，配偶者有の割合は2.3%と最も低い。多くの場合，親や兄弟姉妹との暮らしといえる。精神障害者も同様に同居者有は81.2%と高い比率にあるが，配偶者有は4割弱であり，ひとり暮らしの割合は最も高い（厚生労働省「精神障害者社会復帰サービスニーズ等調査（平成15年）」）。

ライフステージに応じた支援をする場合，「教育」の機会をどのように保障するかは欠かすことができない。

国連「障害者の権利条約」の第24条2項では，「障害のある人が障害を理由として一般教育制度から排除されないこと，及び障害のある子どもが障害を理由として無償のかつ義務的な初等教育又は中等教育から排除されないこと」とされている。これは，地域の学校でインクルーシブ教育を受ける権利を保障することを指している。障害者基本法第16条において，「可能な限り障害者であ

る児童及び生徒が障害者でない児童及び生徒と共に教育を受けられるよう配慮し」，必要な施策を講じなければならないとされた。

　特別支援教育の対象の概念図（図表2-2）にあるように，2010（平成22）年5月1日現在，特別支援学校，小中学校の特別支援学級，通常の学級における通級による指導を受けている児童・生徒は約27万人である。特別支援学校，特別支援学級，通級のいずれの場合も児童・生徒数は増加傾向にある。

　地域での継続した暮らしを実現するには，学齢期における支援内容がその後の人生の進路，あり方に影響する。平成22年3月卒業者の特別支援学校高等部（本科）の進路状況をみると，65.5%の生徒は社会福祉施設等に入所・通所し，肢体不自由では8割にのぼる。大学，専攻科等の進学者は3%，専修学校，各種学校，職業能力開発校等の教育訓練機関等の入学者は3.1%であった。教育訓練機関等を含む進学者への入試における配慮，入学後の学生生活支援のさらなる充実も求められる。

　教育の機会に限らず，「障害者の権利条約」第24条にある「あらゆる段階におけるインクルーシブな教育制度及び生涯学習」（川島=長瀬仮訳）を確保する

図表2-2　特別支援教育の対象の概念図

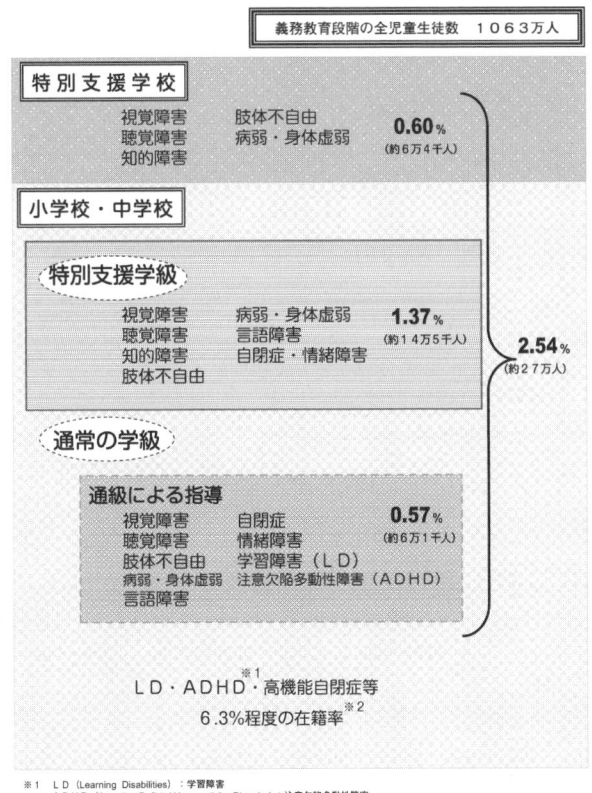

出所）内閣府『障害者白書（平成23年版）』2011年, p.23

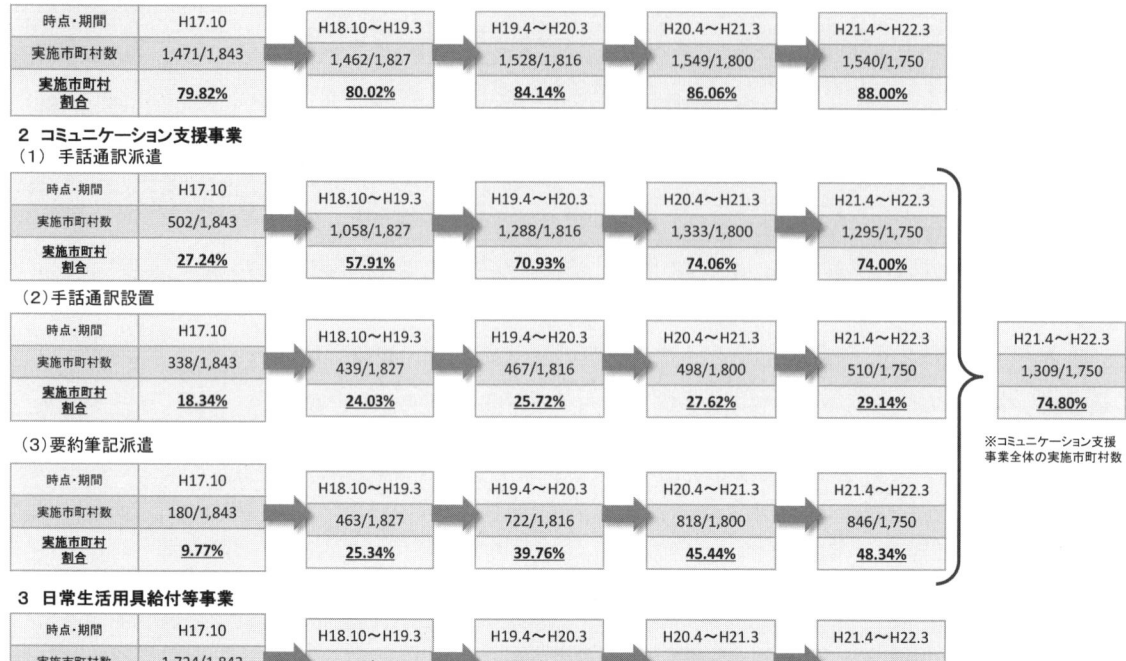

図表2-3 地域生活支援事業(必須事業)の実施状況

出所)厚生労働省,2011年2月22日,障害保健福祉関係主管課長会議資料 資料1-3

ためにも生涯にわたる就労を含む日中活動のあり方の検討が必要である。

地域生活を営むうえで,移動支援,コミュニケーション支援,日常生活用具等の利用は欠かすことができない。これらは,自立支援法制度下においては,地域生活支援事業として実施されている。その実施状況は図表2-3のとおりである。日常生活用具給付等事業はいずれの都道府県においても9割以上が実施しているが,移動支援事業,コミュニケーション支援(手話通訳派遣,手話通訳設置,要約筆記派遣)の地域間格差は依然として大きい。

2 障害者の福祉・介護需要の実態

障害者の福祉・介護需要は,措置制度の時代から2003(平成15)年の支援費支給制度による「契約」制度の導入,2006(平成18)年施行の障害者自立支援法(後に廃止,新しい障害者総合福祉法(仮称)提言へ)と制度の変更により,この間,潜在的な福祉ニーズが掘り起こされたともいえる。

特に,2003年4月からの支援費支給制度の開始後,障害福祉サービスの支給決定者数・支給時間数は増加し(図2-4),厚生労働省はホームヘルプサー

支援費支給制度

障害児・者の福祉サービス利用方式に関して,措置制度に替わり,2003(平成15)年度より実施されていた制度。市町村が決めた支給の範囲内において,都道府県知事の指定した指定事業者・施設に対し,本人または扶養義務者が,直接利用申込みによる契約を行い,サービス提供を受けるしくみ。2006年に障害者自立支援法に移行。

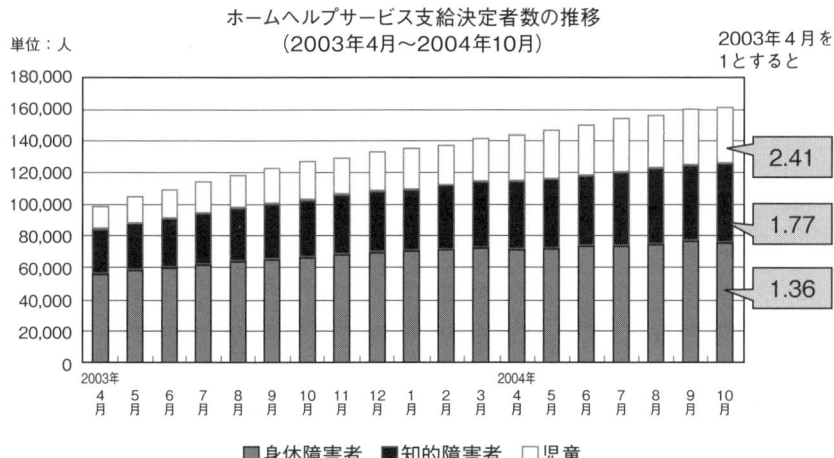

図表2－4　支援費支給制度の施行状況

出所）厚生労働省「障害者自立支援法による改革～『地域で暮らす』を当たり前に～」を一部改変
（http://www.mhlw.go.jp/bunya/shougaihoken/jiritsushienhou02/index.html：2011.8.17。検索）

ビスについて上限を設定するという事態となった。

　2004（平成16）年7月，社会保障審議会障害者部会の「今後の障害保健福祉施策について（中間的なとりまとめ）」では，「地域生活への移行」に向け，「居宅サービスを充実させるだけでなく，入所施設・病院が，その利用者の地域生活移行を積極的に支援する機能を持つことが重要」であることが明示された。また，障害のある人の結婚等の家庭生活への支援についての検討の必要も明記された。2004（平成16）年10月には，厚生労働省障害保健福祉部より「今後の障害保健福祉施策について（改革のグランドデザイン案）」が提言された。

　その後，2005（平成17）年には「障害者自立支援法案」が国会に提出され，いったんは廃案になったものの，同年可決成立に至った。2006（平成18）年4月から障害者自立支援法は一部施行され，応益負担が導入された。2008（平成20）年には障害者自立支援法違憲訴訟が各地で始まることとなった。同年12月には，「社会保障審議会障害者部会報告～障害者自立支援法施行後3年の見直しについて～」が報告されるに至った。

　厚生労働省は，福祉施設から地域生活への移行について，2.1万人をグループホーム・ケアホーム等へ地域移行し，2005（平成17）年10月1日現在の施設入所者数14.6万人のうち，14.5％の地域生活移行者数をめざすことを目標値とした。

　また，福祉施設から一般就労への移行について，年間一般就労移行者数を2011（平成23）年度において福祉施設を退所し，一般就労する者の数を1.0万人とし，平成17年度実績に対する目標値の割合を4倍とした。

　さらに，訪問系サービス，日中活動系サービス，居住系サービス，相談支援等の新体系サービスの見込み量の将来見通しを示した。

ケアホーム

障害者自立支援法の制定によりできた居住支援サービスであり，簡略的に述べれば，ケアが必要な障害者の共同住居といえ，従来のグループホームが今法によりケアホームとグループホームに分けられた。ただし，ケアホームを利用できるのは障害程度区分認定で区分2（要介護1）以上の判定を受けた人であり，食事，入浴等の介護サービスを受けることとなる。また，入居者は別の施設で，日中，生活介護や就労継続支援等を受けることから，日中と夜間で支援が分断されるという課題も指摘されている。

図表2-5 介護職員等によるたんの吸引等の実施のための制度について

（「社会福祉士及び介護福祉士法」の一部改正）

趣旨
- 介護福祉士及び一定の研修を受けた介護職員等は、一定の条件の下にたんの吸引等の行為を実施できることとする。
  - ☆たんの吸引や経管栄養は「医行為」と整理されており、現在は、一定の条件の下に実質的違法性阻却論により容認されている状況。

実施可能な行為
- たんの吸引その他の日常生活を営むのに必要な行為であって、医師の指示の下に行われるもの
  - ※ 保健師助産師看護師法の規定にかかわらず、診療の補助として、たんの吸引等を行うことを業とすることができる。
  - ☆具体的な行為については省令で定める
    - ・たんの吸引（口腔内、鼻腔内、気管カニューレ内部）
    - ・経管栄養（胃ろう、腸ろう、経鼻経管栄養）

介護職員等の範囲
- 介護福祉士
  - ☆具体的な養成カリキュラムは省令で定める
- 介護福祉士以外の介護職員等
  - ☆一定の研修を修了した者を都道府県知事が認定
  - ☆認定証の交付事務は都道府県が登録研修機関に委託可能

登録研修機関
- たんの吸引等の研修を行う機関を都道府県知事に登録（全ての要件に適合している場合は登録）
- 登録の要件
  - ☆基本研修、実地研修を行うこと
  - ☆医師・看護師その他の者を講師として研修業務に従事
  - ☆研修業務を適正・確実に実施するための基準に適合
  - ☆具体的な要件については省令で定める
  - ※ 登録研修機関の指導監督に必要な登録の更新制、届出、改善命令等の規定を整備。

登録事業者
- 自らの事業の一環として、たんの吸引等の業務を行う者は、事業所ごとに都道府県知事に登録（全ての要件に適合している場合は登録）
- 登録の要件
  - ☆医師、看護職員等の医療関係者との連携の確保
  - ☆記録の整備その他安全かつ適正に実施するための措置
  - ☆具体的な要件については省令で定める
  - ※ 登録事業者の指導監督に必要な届出、報告徴収等の規定を整備。

＜対象となる施設・事業所等の例＞
- 介護関係施設（特別養護老人ホーム、老人保健施設、グループホーム、有料老人ホーム、通所介護、短期入所生活介護等）
- 障害者支援施設等（通所施設及びケアホーム等）
- 在宅（訪問介護、重度訪問介護（移動中や外出先を含む）等）
- 特別支援学校
  ※医療機関は対象外

出典：介護職員等によるたんの吸引等の実施のための制度の在り方に関する検討会「中間まとめ」

実施時期及び経過措置
- 平成24年4月1日施行
  （介護福祉士については平成27年4月1日施行。ただし、それ以前であっても、一定の研修を受ければ実施可能。）
- 現在、一定の条件の下にたんの吸引等を実施している者が新たな制度の下でも実施できるために必要な経過措置

出所）厚生労働省，2011年6月30日，障害保健福祉関係主管課長会議資料

　地域生活において，医療依存度の高い障害当事者の医療ケアのニーズは今後ますます増加するだろう。介護職員等によるたんの吸引等の実施については，「介護保険法等の一部を改正する法律」が2011（平成23）年6月に公布され，介護福祉士や一定の教育を受けた介護職員等によるたんの吸引等の実施が可能となった。在宅の障害（児）者や障害福祉事業所等のニーズを踏まえ，2010（平成22）年10月から実施された「試行事業」を通して，2012（平成24）年4月より，障害者支援施設，重度訪問介護などの在宅，特別支援学校等におけるたんの吸引や経管栄養等，日常生活を営むのに必要な行為であって，医師の指示のもとに行われるものについて実施できることとなった（図表2-5）。

3　障害者の地域移行や就労の実態

　「障害者の権利条約」の第19条自立した生活（生活の自律）及び地域社会へのインクルージョンでは，「障害のある人が，他の者との平等を基礎として，居住地及びどこで誰と生活するかを選択する機会を有すること，並びに特定の生活様式で生活するよう義務づけられないこと」とされる。また，「障害のある人が，地域社会における生活及びインクルージョンを支援するために並びに

地域社会から孤立及び隔離を防止するために必要な地域社会の支援サービス（パーソナル・アシスタンスを含む）にアクセスすること」，「一般住民向けの地域社会サービス及び施設（設備）が，障害のある人にとって他の者との平等を基礎として利用可能であり，かつ，障害のある人の必要（ニーズ）に応ずること」と規定された。

　これは，障害者自身の意思に反した施設等の生活は認められず，地域に居住するだけではなく，必要なサービスを利用し，社会参加できるものでなければならないことを意味している。

(1) 地域移行状況

　厚生労働省によれば，2009（平成21）年10月1日から2010（平成22）年10月1日の1年間に地域生活へ移行したのは4,847人であった。

　地域生活へ移行した者の住まいの場の内訳は，共同生活介護1,644人（33.9%），共同生活援助556人（11.5%）とで4割強を占める。

　また，地域生活へ移行した者の日中活動の状況をみると，一般就労は384人（7.9%）であり，多くの人が福祉施設等を利用している。

(2) 就労の状況

　厚生労働省および総務省によると，障害者の年齢階層別就業率は，20代前半の知的障害を除くと，すべての障害，年齢階層において一般の就業率よりも低い（図表2－6）。特に精神障害においては，3割に満たず，働き盛りといわれる30代半ばから40代では2割に満たない。

　2006（平成18）年7月1日時点での「身体障害者，知的障害者及び精神障害

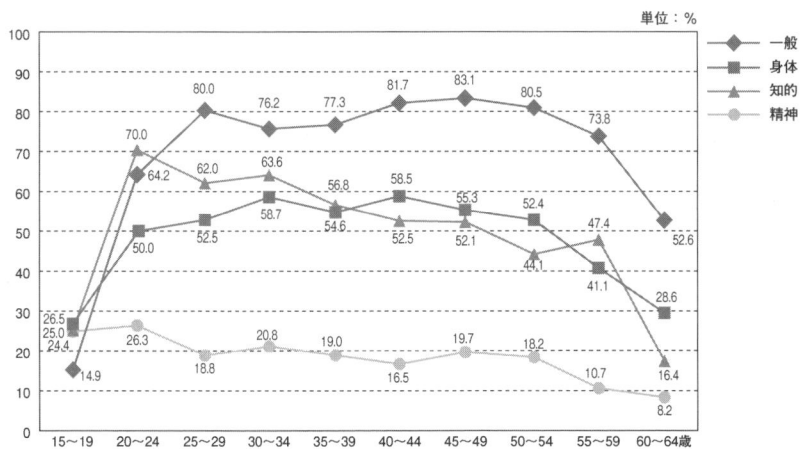

図表2－6　年齢階層別就業率

資料：厚生労働省「身体障害者、知的障害者及び精神障害者就業実態調査」（平成18年7月1日時点）
　　　：総務省「労働力調査年報」（平成18年）

出所）内閣府『障害者白書（平成23年版）』2011年，p.26

者就業実態調査」によると、障害別にみる就業者の就業形態はいずれの場合も常用雇用は半数に満たず、知的障害は6割弱が授産施設・作業所等の福祉的就労であり、精神障害についても4割弱と最も多い。また、収入は就業によるもののほか、年金、手当や生活保護が定期収入となっている（図表2-7、図表2-8、図表2-9）。

2010（平成22）年6月1日現在の民間企業における障害者雇用の実雇用率は1.68％である。雇用率としては、過去最高を更新したが、法定雇用率の1.8％

> **法定雇用率**
> 「障害者の雇用の促進等に関する法律（障害者雇用促進法）」に基づき、民間企業、国及び地方公共団体に課されている身体障害又は知的障害をもつ人の雇用割合。1998年7月1日より常用労働者数56人以上規模の一般民間企業は1.8％、48人以上規模の一般企業特殊法人は2.1％、職員数48人以上の国、地方公共団体は2.1％、職員数50名以上の都道府県等の教育委員会は2.0％となっている。重度身体障害又は重度知的障害をもつ人についてはそれぞれ1人の雇用をもって、2人を雇用しているものとみなされる。2005年の改正では、精神障害者も算定対象となった（短時間労働者の場合は0.5人カウント）。2010年7月より短時間労働（週所定労働時間20時間以上30時間未満）も対象となった。

図表2-7　身体障害者の就業月収の状況（在宅）

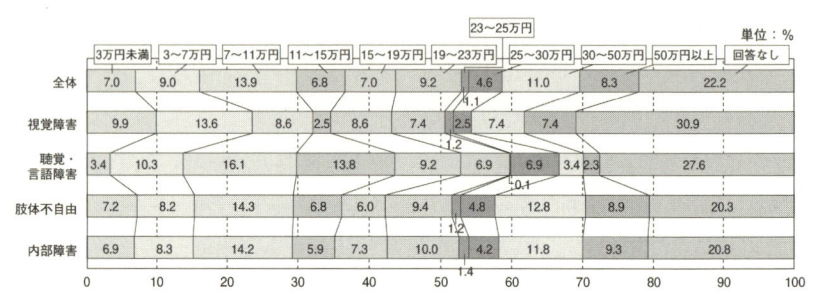

資料：厚生労働省「身体障害児・者実態調査」（平成18年）

出所）内閣府『障害者白書（平成23年版）』2011年、p.31

図表2-8　就労知的障害者の給料（在宅）

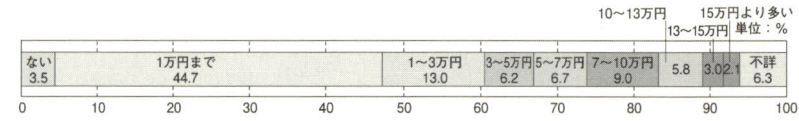

資料：厚生労働省「知的障害児（者）基礎調査」（平成17年）

出所）内閣府『障害者白書（平成23年版）』2011年、p.31

図表2-9　精神障害者の定期収入の内容（外来）

単位：％

	合計	統合失調症	統合失調症以外
給料	21.8	13.8	26.3
作業所等の工賃	3.7	5.3	2.3
自営業手伝い	4.7	4.8	4.3
親兄弟の援助	12.2	15.4	9.0
家賃等の収入	1.8	1.6	1.9
障害年金	25.7	41.2	12.6
障害年金以外の年金	11.2	5.9	14.5
公的手当	2.1	2.0	2.1
生活保護	13.0	15.0	10.8
その他	7.3	4.9	8.8
わからない	2.5	3.2	1.8
なし	18.1	17.8	17.2

資料：厚生労働省「精神障害者社会復帰サービスニーズ等調査」（平成15年）

出所）内閣府『障害者白書（平成23年版）』2011年、p.32

は達成されていない（図表2-10）。国は2006（平成18）年度から障害者就労に向けたチーム支援をモデル事業として開始し，2007年度から全国で実施している。ハローワーク職員，福祉施設等職員，市町村・専門機関職員が障害者就労支援チームを結成し，就労支援，生活支援及び職場定着支援，就業生活支援を行うものである。どれだけ就職を果たしたかという就職率だけではなく，生きがいをもって，継続して働くことができるかの支援の充実が一層求められよう。

障害当事者が，どこで誰とどのように暮らすかを自ら選びとることができ，地域社会において他の人びとと共生することを妨げられてはならない。その実現のために，本人のライフステージに応じた介助等の日常生活支援，医療的ケア，住まいの確保，教育，日中活動や就労のあり方，移動，福祉機器の活用，コミュニケーション支援等が必要となる。支援を必要としている時点とその先を見据えた包括的な支援ネットワークの形成が地域社会に求められよう。

図表2-10　障害者雇用の状況（平成22年6月1日現在）

○　民間企業の雇用状況 実雇用率 1.68%　法定雇用率達成企業割合 47.0%
○　法定雇用率には届かないものの，5年連続で過去最高を更新。障害者雇用は着実に進展。

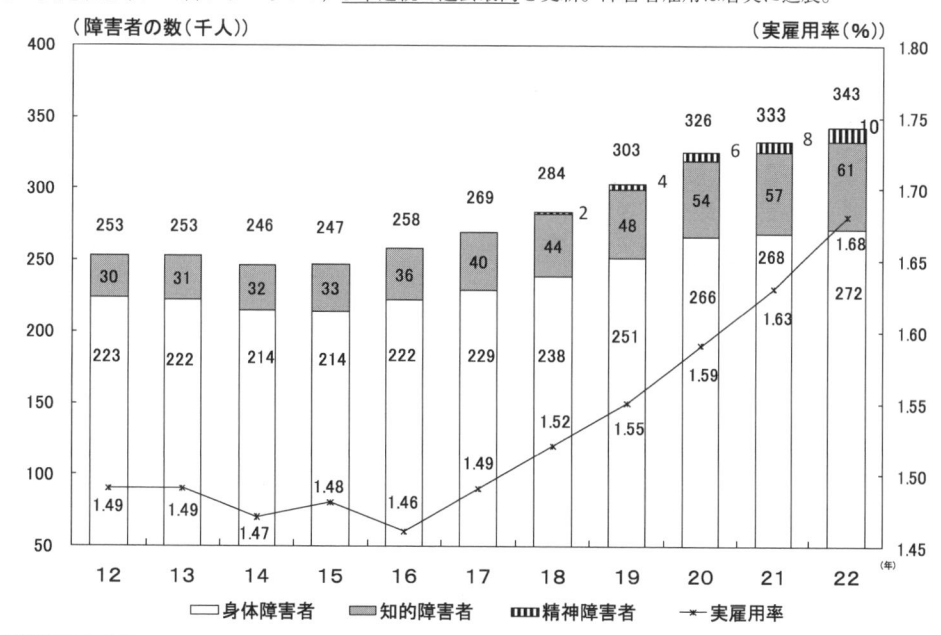

（注）雇用義務のある56人以上規模の企業の集計
「障害者の数」は以下の者の合計。なお，精神障害者は平成18年から集計。
・身体障害者，知的障害者，精神障害者，重度身体障害者である短時間労働者，重度知的障害者である短時間労働者は1人カウント
・重度身体障害者，重度知的障害者は2人カウント　・精神障害者である短時間労働者は0.5人

出所）厚生労働省，2011年2月22日，障害保健福祉関係主管課長会議資料（その他：職業安定局）

注）
1）翻訳部分は長瀬修・東俊裕・川島聡編『障害者の権利条約と日本―概要と展望―』生活書院，2008年，巻末の資料「障害のある人の権利に関する条約」川島＝長瀬仮訳を参考にした。

参考文献

内閣府『障害者白書（平成23年版）』2011年
厚生労働省「障害保健福祉関係主管課長会議資料」, 2011年2月22日
厚生労働省「障害保健福祉関係主管課長会議資料」, 2011年6月30日
長瀬修・東俊裕・川島聡編『障害者の権利条約と日本─概要と展望─』生活書院, 2008年

プロムナード

「障がい者制度改革推進本部」「障がい者制度改革推進会議」
2009年12月8日に閣議決定された「障がい者制度改革推進本部」は,「障害者の権利に関する条約（仮称）の締結に必要な国内法の整備を始めとする我が国の障害者に係る制度の集中的な改革を行い, 関係行政機関相互間の緊密な連携を確保しつつ, 障害者施策の総合的かつ効果的な推進を図るため」設置された。
　その1週間後,「障害者施策の推進に関する事項について意見を求めるため, 障がい者制度改革推進会議を開催する」ことが障がい者制度改革推進本部長により決定された。さらに, 差別禁止部会, 総合福祉部会による検討が加えられている。日本の障害者施策がどのようなプロセスを経て形作られていくかを一般傍聴はもちろん, 動画も含めて情報公開した。
　2011年8月現在, 推進会議は34回を数え, 委員の多くが障害当事者である点でこれまでの国家施策検討のあり方とは大きく異なる当事者参画型といえる。

学びを深めるために

AJU自立の家編『当事者主体を貫く　不可能を可能に─重度障害者, 地域移行への20年の軌跡』中央法規, 2011年
　地域生活への移行は, 施策として推進されるより以前から障害当事者の手によって実現されてきた。継続して生活を営むためのさまざまな取り組みが同時に成されることで可能となった。本書は, 当事者の立場から仕組みを作るとはどういうことなのか, 具体的なヒントを与えてくれる。

措置制度, 支援費支給制度, 障害者自立支援法, 障害者総合福祉法（仮称）提言までの歴史変遷とサービス利用方法の変化についてまとめてみよう。

地域生活を支援する視点に立って, 居住する自治体の障害福祉サービスにはどのようなものがあるのか, また不足しているのか, フォーマル, インフォーマルサービスも含めて調べてみよう。

福祉の仕事に関する案内書

渡邉琢『介助者たちは, どう生きていくのか』生活書院, 2011年

第 3 章

障害者福祉制度の発展過程

本章では、障害者福祉制度の発展過程について、戦後から現在に至るまでの流れをみていくことにする。① まず敗戦直後から1950年代までの戦後の混乱期、② 1960年代から1970年代までの高度経済成長期、③ 1980年代から1990年代までのバブル崩壊期、④ 2000年の社会福祉基礎構造改革から現在に至るまでの4期に分けて、障害者福祉制度の発展過程をみていく。

1 戦後の障害者福祉

第2次世界大戦後、日本国内は混乱のなか、生活困窮者が氾濫し、総スラム化現象とよばれる状態であった。緊急の生活保護施策が迫られたなかで、1946年日本国憲法が公布された。日本国憲法の三大原則のひとつに、「基本的人権の尊重」が掲げられ、第25条では、生存権が保障されたことで、戦後の社会福祉制度は、飛躍的に発展していくこととなった。

敗戦直後であり、救貧的な緊急対策の効果を期待されていたこともあり、旧生活保護法（旧1946年→1950年新生活保護法）を皮切りに、児童福祉法（1947年）、身体障害者福祉法（1949年）と福祉三法が相次いで成立した。

1947年に制定された児童福祉法は、戦災孤児と浮浪児の保護を中心に制定された法律ではあったが、満18歳未満のすべての児童を対象にしたため、知的障害児施設と療育施設が明記されたことで障害児への援護が行われることとなった。

1949年に成立した身体障害者福祉法は、一般の障害者への福祉施策として確立し、わが国初の障害者施策としては画期的なものであった。しかし、対象は職業的更生が可能な身体障害者に限られ、課題を多く残していた法律でもあった。

戦前までは、傷痍軍人に対しては、一定の保護策がとられていたが、人的資源として役に立たない一般の障害者は、社会のなかで厳しい差別にさらされていた。一方、戦後の障害者福祉は、傷痍軍人のみを対象にしていた戦前の制度と異なり、傷痍軍人対策を中心とはしていたものの一般の障害者まで対象を拡大した点が大きな特徴といえる。

また、精神障害の分野では、1950年に精神衛生法（精神保健及び精神障害者福祉に関する法律の前身）が制定された。しかし、精神病院の設置義務や精神衛生相談所の設置等、医療中心の制度であり、精神病院への入院を急増させる結果となるものであった。

戦後の障害者福祉は、重度身体障害者や知的障害者への対応は立ち遅れたが、当事者とその家族や関係者による団体が組織化された時期でもあり、戦前までの一部の障害者への保護から、全国の障害児者を対象とした制度や法整備の始まりの時期でもあった。

> **生存権**
> 人間が人間として生きていくうえでもっとも基本的な権利で、基本的人権のひとつをいう。生存権は、日本国憲法第25条に示されており、第1項に「すべて国民は健康で文化的な最低限度の生活を営む権利を有する」。第2項に「国はすべての生活部面について、社会福祉、社会保障及び公衆衛生の向上及び増進に努めなければならない」と規定されている。

図表 3 - 1　戦後の障害者福祉

1946 年	日本国憲法の公布　第 25 条（生存権の保障）
1947 年	児童福祉法
1949 年	身体障害者福祉法
1950 年	精神衛生法（精神保健及び精神障害者福祉に関する法律の前身）

2　高度経済成長期と障害者福祉

「世界の奇跡」といわれた高度経済成長の結果、日本は経済大国となった。しかし、高度経済成長のひずみが拡大するにつれて、社会保障の立ち遅れが目立つようになり、その拡充にともない、社会福祉の制度が創設されていくこととなった。

高度経済成長期に成立した障害者福祉制度として、1960 年に制定された精神薄弱者福祉法（現行：知的障害者福祉法）がある。この法律の制定以降、これまで放置されていた 18 歳以上の知的障害者に対して、積極的な援護が行われるようになった。これまで、知的障害児への対策は、児童福祉法のなかで制度化されていたが、18 歳以上の知的障害者に対しては制度がなく、親亡き後の行方が当事者と家族の最大の懸念であり、児童福祉施設のなかに知的障害者が増加するという矛盾を引き起こしていた。知的障害者福祉法は、親の会（全日本精神薄弱者育成会）の積極的な働きかけによって、結実した法律ともいえる。

しかし、一方で、知的障害者福祉法の成立によって、身体障害者、知的障害者、障害児とそれぞれ対象別による縦割り制度が始まったともいえる。

また、身体障害者対策としては、更生援護に加え、経済援助（1959 年国民年金法：障害福祉年金）と就労援助（1960 年身体障害者雇用促進法）が加わったことで、体系が徐々に確立されていくこととなった。

1970 年には、障害者基本法の前身となる「心身障害者対策基本法」が制定された。この法律は、障害者の生活を支えるさまざまなニーズに対応するため、各関係省庁が所管する障害者施策を推進するための基本法として成立した。また、はじめて基本理念が明確に示され、その後の障害者福祉制度に大きな影響を与えることとなった。

この時期は、高度経済成長期から低経済成長に入る移行期でもあり、「福祉見直し論」が提唱された。身体障害や知的障害の種類別に応じた福祉施策が展開され、コロニー（大規模施設）の建設がすすみ、入所施設が急増した時期でもあった。

欧米では、北欧を中心にノーマライゼーションの思想が徐々に浸透しつつあるなかで、脱施設化に向けて地域生活が見直されていた。一方、日本は逆に、施設の近代化、施設設置推進策がすすむという現象がみられ、施設の内容的変

ノーマライゼーション

1950 年代デンマークで、知的障害者の大規模収容施設における劣等処遇・保護・隔離に対して、親の会が反対運動を起こしたことに始まる考え方で、1960 年代から北欧諸国や北米にもこの思想が広がった。

障害者や高齢者等も、人格を尊重され、他の人びとと同じ権利を享受し、地域社会で主体的な生活と社会参加が保障されるのがノーマルな社会であるという思想に基づき、ノーマルな生活を実現していくことを意味する。

化が問われる時期を迎えることになった。地域に根差した施設づくりが叫ばれる時期を迎えるのは次の段階になる。

図表3－2　高度経済成長期と障害者福祉

1960年	精神薄弱者福祉法（現行：知的障害者福祉法）
1970年	心身障害者対策基本法（現行：障害者基本法）

3　障害者基本法と障害者計画

1981年の国際障害者年以降，わが国の障害者福祉は，ノーマライゼーションの理念に基づく当事者主体の考え方が浸透していく。この時期に，国際障害者年がわが国の障害者福祉制度に与えた影響ははかりしれない。国際障害者年は，「知的障害者の権利宣言」（1971），「障害者の権利宣言」（1975）を踏まえ，より各国に具体的な障害者福祉の取り組みを働きかけるものであった。国際障害者年のテーマである「完全参加と平等」は，日本の障害者に多大な影響を与えるものとなり，当事者やその家族が国際的な組織に目を向ける契機ともなった。

国際障害者年（1981）は，その後，1982年の「障害者に関する世界行動計画」，1983～1992年の「国連・障害者の十年」へと発展していく。国際障害者年以降，わが国も積極的に障害者福祉施策を推進することとなった。

1993年には，心身障害者対策基本法が「障害者基本法」と改正され，法律の内容も全面的に改正された。障害者基本法は，日本の障害者施策の基本理念と方針を示す法律で，障害者の自立と社会，経済，文化その他あらゆる分野の活動への参加を促進することを目的としている。また，障害者を「身体障害者，知的障害者，精神障害者」と定義づけし，障害者施策を総合的・計画的に推進するために，国に障害者基本計画の策定を義務づけた。

国は，障害者施策の推進のために，「障害者対策に関する長期計画」（1983～1992年），「障害者対策に関する新長期計画」（1993～2002年）を策定した。

そして，「障害者対策に関する新長期計画」をさらに具体的に推進していくために，1996年から2002年までの7か年計画で「障害者プラン～ノーマライゼーション7か年戦略」を策定し，重点施策実施計画として位置づけた。

また，障害者基本法に基づく法定計画「障害者対策に関する新長期計画」および「障害者プラン」がともに2002年度に終期を迎えるため，それを引き継ぐものとして，障害者施策推進本部において，新しい「障害者基本計画」（2003～2012年）と「重点施策実施5か年計画（新障害者プラン）」（2003～2007年），「新たな重点施策実施5か年計画」（2008～2012年）が策定された。

新しい「障害者基本計画」では，新長期計画の理念である「ノーマライゼー

障害者基本計画

障害者の福祉に関する施策および障害の予防に関する施策の総合的かつ計画的な推進をはかるための基本的な計画で，障害者基本法で政府に策定が義務づけられている。この障害者基本計画は，1993年に策定された「障害者対策に関する新長期計画」をあてている。2004年の改正では，都道府県および市町村にも，国の障害者基本計画を基本とし，当該地域の障害者の状況等を踏まえ，それぞれ都道府県障害者計画，市町村障害者計画の策定が義務付けられた。

ション」,「リハビリテーション」を継承するとともに,国民誰もが相互に人格と個性を尊重し支え合う「共生社会」の実現をめざすこととしている。

精神障害の領域では,1984年の宇都宮病院事件を契機に1987年には,精神障害者の人権に配慮した適正な医療と保護の確保,精神障害者の社会復帰の促進を図る観点から,精神衛生法が「精神保健法」へと改正された。1995年には,さらに精神保健法が改正され,現行の「精神保健及び精神障害者福祉に関する法律」となった。この改正は,前述の障害者基本法のなかで,精神障害者が対象として明確に位置づけられたこと,精神障害者の地域保健施策の充実を図るという観点から改正されたものであった。

この時期は,国際障害者年を契機に,ノーマライゼーションの理念が浸透し,法整備の充実,計画の推進が図られた時期であり,障害者福祉制度が飛躍的に発展していった時期といえる。また,入所施設の整備を中心とした施策から,地域福祉施策への転換がはかられ,当事者主体のサービスが確立される時期を迎える段階に移行していく時期ともいえる。

> **宇都宮病院事件**
> 報徳会宇都宮病院事件は,病院職員の暴行による患者の死亡が1年も経た1984年に明るみに出て,その後,当病院の恐るべき実態が明らかになった。この事件をきっかけに日本の精神医療が国連の小委員会にもちこまれ,精神病床数の多さ,強制入院や長期入院等の状況について国際的な批判を浴びることとなった。当時の報告によると,暴力と恐怖による患者支配,無資格の患者を医療職として働かせたことを含む強制労働等,数々の恐るべき人権侵害が日常的に行われていたというものであった。

図表3-3 障害者基本法と障害者計画

年	法律	長期計画	重点施策
1970年	心身障害者対策基本法成立	障害者対策に関する長期計画 (1983〜1992年)	「障害者対策に関する長期計画」後期重点施策 (1987〜1992年)
1993年	障害者基本法成立 (心身障害者対策基本法の全面改正)	障害者対策に関する新長期計画 (1993〜2002年)	障害者プラン〜ノーマライゼーション7か年戦略 (1996〜2002年)
2004年	障害者基本法の改正	「障害者基本計画」 (2003〜2012年)	重点施策実施5か年計画 (新障害者プラン) (2003〜2007年) 新たな重点施策実施5か年計画 (2008〜2012年)
2011年	改正障害者基本法		

4　社会福祉基礎構造改革と障害者福祉

1997年から2000年に行われた社会福祉基礎構造改革（最終報告1999年）によって，障害者福祉制度も新たな展開をみせた。

社会福祉基礎構造改革は①国家財政の逼迫化，②社会福祉の対象の拡大化，③人権意識の高揚，④ニーズの多様化・多質化等を背景として，社会福祉制度の在り方を抜本的に見直すものとしてまとめられた。中央社会福祉審議会社会福祉基礎構造改革分科会によって，「社会福祉基礎構造改革について（中間まとめ）」（1998）が報告され，改革の必要性について提案された。

そして，社会福祉基礎構造改革が具現化された「社会福祉の増進のための社会福祉事業法等の一部を改正する等の法律」が2000年に成立し，関係八法が改正された。

これを受けて，2003年から支援費支給制度が開始され，障害者に対するサービス利用方式が措置制度から利用契約制度へ移行した。支援費支給制度は，障害者の自己決定を尊重し，利用者本位のサービスを基本として，障害者自らがサービスを選択し，事業者と対等の関係に基づく契約によりサービスを利用する方式として開始された。しかしながら，この制度は精神障害者を対象にしていなかったこと，サービス水準の地域間格差，制度の財政問題等があって，2005年10月に「障害者自立支援法」が成立し，翌年の2006年から施行された。

この法律のポイントは，①障害者施策を3障害一元化したこと，②利用者本位のサービス体系に再編したこと，③就労支援の抜本的強化を図ったこと，④支給決定の透明化・明確化を図ったこと，⑤安定的な財源の確保を図ったこと，の5点である。現在，3障害者の諸サービスは，障害者自立支援法に基づいて実施されており，そのために必要な障害福祉サービスの見込み量を推計した障害福祉計画を策定することが都道府県，市町村にそれぞれ義務付けられている。

2004年には，障害者基本法が改正され，都道府県，市町村に障害者基本計画の策定が義務づけられた。また，障害者の日を障害者週間に改め，第3条に障害を理由とする差別の禁止の項が追加された。

また，2004年に成立した「発達障害者支援法」は，これまで障害者福祉の対象外であった発達障害を法的に認定し，さまざまな支援を受けられることを目的として成立した。この法律における発達障害の対象は，自閉症，アスペルガー症候群その他の広汎性発達障害，学習障害（LD），注意欠陥多動性障害（ADHD）などとされている。

2006年には，国連において，「障害者の権利条約」が採択され，日本政府も2007年にこの条約に署名した。この条約は，法的な拘束力のある条約として，採択されたことで，日本でも，国内の法制度の整備が推進されていくことと

社会福祉基礎構造改革

社会福祉基礎構造改革の具体的内容は，①利用者の立場に立った社会福祉制度の構築（ア　福祉サービスの利用者制度化・措置制度から利用制度への転換，支援費支給制度の導入，イ　利用者保護のための制度の創設―地域福祉権利擁護事業制度の創設，苦情解決の仕組みの導入，利用契約についての説明・書面交換義務付け），②サービスの質の向上（事業者のサービスに関する質の自己評価，サービス利用者のための事業運営の透明性），③社会福祉事業の充実・活性化（社会福祉事業の範囲の拡充化，社会福祉法人の設立要件の緩和），④地域福祉の推進，⑤その他の改正等であった。

障害福祉計画

障害者自立支援法の公布により，市町村及び都道府県に対して，2006年より障害福祉計画の策定が法定化された。その内容としては，各年度における障害福祉サービス，相談支援の種類ごとの必要な量の見込み，地域生活支援事業の種類ごとの実施に関する事項等があげられ，また，障害福祉計画は障害者基本法に基づく市町村障害者計画等，ほかの計画との調和を保たなければならないとしている。

なった。

　それを受けて、障害者の権利条約の締結に必要な国内法の整備をはじめとする障害者制度の集中的な改革を行うため、「障がい者制度改革推進本部」が設置され、当事者（障害のある本人およびその家族）を中心とする「障がい者制度改革推進会議」が2010年より開催され、制度改革に向けた精力的な検討が行われてきた。

　2011年7月には、改正障害者基本法が成立し、同年8月より施行された。改正障害者基本法では、心身機能に障害があるだけでなく、社会的な制度や慣行などの影響で生活が制限される人も障害者として幅広く定義し、すべての国民が障害の有無にかかわらず共生する社会の実現を目的とした。また、障害者の権利擁護を強化する規定を追加した。

　従来まで、わが国の障害者福祉制度は、障害種別ごとの法律等に基づき、サービスが提供されており、さまざまな不整合が生じていた。また、地域における基盤整備の状況やサービス提供体制が異なることで、障害種別や地域によって、利用に格差があった。この時期以降は、社会福祉基礎構造改革によって、従来の措置制度から、利用者主体の利用契約制度が取り入れられた重要な時期である。それを受けて、2003年に施行された支援費支給制度は従来の措置制度から利用契約制度へと移行したものであり、課題を多く含んだ内容ではあったが、利用者本位の制度という点では画期的なものであった。

　支援費支給制度は、ほどなく行き詰まったが、新たに障害者自立支援法が制定され、制度の整合性や持続可能性が求められた時期でもあった。

　障害者自立支援法は、さまざまな課題を残してはいるものの、戦後の混乱期から障害者福祉制度が今日に至るまでの発展過程を集大成したものともいえる。また、障害者の権利条約を採択したことで、障害者福祉制度は、今後さらに発展していくことになるであろう。

図表3－4　社会福祉基礎構造改革と障害者福祉

1997～2000年	社会福祉基礎構造改革
2003年	支援費支給制度
2004年	発達障害者支援法
2005年	障害者自立支援法
2006年	障害者の権利条約

参考文献
- 右田紀久恵・高澤武司・古川孝順編『社会福祉の歴史〜政策と運動の展開〜』有斐閣，2001年
- 一番ケ瀬康子・高島進・高田真治・京極高宣編『戦後社会福祉の総括と21世紀への展望Ⅰ　総括と展望』ドメス出版，1999年
- 内閣府『障害者白書（平成23年版）』2011年
- 小六法編集委員会編『福祉小六法（2011年版）』みらい，2011年

プロムナード

改正障害者基本法

　改正障害者基本法が2011年7月29日に成立しました。心身機能に障害があるだけでなく，社会的な制度や慣行などの影響で生活が制限される人も「障害者」として幅広く定義されました。

　改正障害者基本法は，政権交代後に政府が設置した「障がい者制度改革推進会議」での議論をベースに，障害者の要望を盛り込む形で成立しました。しかし，できあがった改正法の条文には，目標について「可能な限り」との文言が随所に挿入されました。国や自治体が目標を達成できなくても許される余地を残す表現であり，「これで私たちの権利は守られるのか」と懸念する声も当事者からあがっています。

学びを深めるために

花田春兆『日本の障害者〜その文化的側面〜』中央法規，1997年
　障害者の歴史を学ぶことは現代の障害者の生き方や支援を考える上でも必要不可欠である。本書は，ヒルコ伝説から明石検校覚一，岩橋武夫や村上鬼城に及ぶ日本の障害者の歴史についてまとめられている。日本の歴史や文化を支えた障害者たちの活躍に光をあてた書である。

- 自分の住む街の「市町村障害者計画」と「市町村障害福祉計画」について調べてみよう。
- 改正障害者基本法の成立を受けて，今後関連法案が順次国会に提出される。改正障害者基本法の意義と内容について調べてみよう。

福祉の仕事に関する案内書

村上須賀子・佐々木哲二郎・奥村晴彦監修，NPO法人日本ソーシャルワーク研究会編『医療福祉総合ガイドブック（2011年度版）』医学書院，2011年

川村匡由『2009年版　福祉のしごとガイドブック』中央法規，2009年

第4章

障害者自立支援法①

1　障害者自立支援法の概要──障害者自立支援法制定までの経緯

　現在のわが国の障害者福祉制度は障害者自立支援法がその中心を担っているが，ここに至るまでに「措置委託制度（措置制度）」「支援費支給制度」という主に2つの仕組みが用いられていた。

(1) 措置委託制度（措置制度）

　措置委託制度（措置制度）は，障害者福祉のサービスに関して，都道府県，あるいは市町村が法律に基づく行政措置としてその内容や事業者を決定するものである。

　社会福祉法人等は，都道府県や市町村から障害者福祉に関する事業や必要となる経費（措置費）の委託を受けて具体的なサービスを提供し，一方のサービスの利用者側には行政措置によりサービスが決定されるため基本的に選択権がないという仕組みであった。障害者福祉の分野では次の支援費支給制度が導入される2003（平成15）年まで長く続いていた。

(2) 支援費支給制度

　「社会福祉基礎構造改革」というわが国の社会福祉の大きな変革の影響を受け，障害者福祉の分野でも大きく仕組みが変わり，2003（平成15）年4月から「支援費支給制度」が導入された。支援費支給制度の大きな特徴は，従来の行政措置によるサービス決定ではなく，利用者がサービス内容や事業者を自由に選択して直接契約するというところにある。

　支援費支給制度の導入を含め，このときの改革全体のおもな柱として次の点が示されていた。

- 利用者自らの選択と，提供する事業者側との契約によるサービス利用。
- サービス利用者と提供者との対等な関係。
- サービスを提供する事業者側の規制の見直し，多様な運営主体の参入促進。
- 利用者側の選択と契約にともなう市場原理によるサービスの質や効率性の向上。
- 増大する社会福祉関連費の公平，公正な負担。

　2003（平成15）年4月の制度改正により，身体障害者，知的障害者に関するほとんどの福祉サービスと，障害児サービスのなかの在宅で利用する部分が従来の措置制度から契約に基づく支援費支給制度に移行した。なお，障害児の施設等のサービスは，保護者とサービスを提供する事業者との間で適切な契約が困難な場合も考えられるため措置のまま残し，また，精神障害者に係るサービスについても支援費支給制度の対象外であった（図表4－1）。

図表4-1　支援費制度のサービスと対象

	身体障害者	知的障害者	障害児	精神障害者
居宅生活支援	居宅介護等 デイサービス 短期入所	居宅介護等 デイサービス 短期入所 地域生活援助事業	居宅介護等 児童デイサービス 児童短期入所	—
施設訓練等支援	更生施設 療護施設 授産施設（小規模通所を除く）	更生施設 授産施設（小規模通所を除く） 通勤寮	—	—

　この支援費支給制度では、在宅福祉を中心にサービスが充実し、利用量も増えるなど導入の意義もみられたが、一方であらたな課題も明らかになった。たとえば、サービスの拡充にともなう障害者福祉全体に係る費用の増大、精神障害者が対象外であることもふくめ障害間での格差、サービスの決定プロセスや提供体制の地域差などがみられ、抜本的な改善も求められていた。

　特に財政面については、介護保険のような保険収入がないことに加え（税方式を用いた）、サービス利用における利用者の費用負担についてもその支払い能力による「応能負担」であったため、所得の少ない障害者の費用負担は概して低く、厳しい状況となっていた。

2　障害者自立支援法の理念と目的

　支援費支給制度におけるいくつかの課題の改善をふまえあらたな障害者福祉制度が検討され、新しい仕組みとして2005（平成17）年10月に障害者自立支援法が成立、翌2006（平成18）年4月から段階的に施行された。

　この法律では第1条で次のように示し、障害者基本法の目的でもある障害者の自立支援、あるいは日常生活や社会参加ができる地域社会の実現に寄与することを目的としている。

　　「この法律は、障害者基本法の基本的理念にのっとり、身体障害者福祉法、知的障害者福祉法、精神保健及び精神障害者福祉に関する法律、児童福祉法その他障害者及び障害児の福祉に関する法律と相まって、障害者及び障害児がその有する能力及び適性に応じ、自立した日常生活又は社会生活を営むことができるよう、必要な障害福祉サービスに係る給付その他の支援を行い、もって障害者及び障害児の福祉の増進を図るとともに、障害の有無にかかわらず国民が相互に人格と個性を尊重し安心して暮らすことのできる地域社会の実現に寄与することを目的とする」（障害者自立支援法第1条）

また、障害者自立支援法では、「障害者」、および「障害児」を次のように定義して法律の対象を示している。

> 「この法律において『障害者』とは、身体障害者福祉法第4条に規定する身体障害者、知的障害者福祉法にいう知的障害者のうち18歳以上である者及び精神保健福祉に関する法律第5条に規定する精神障害者のうち18歳以上である者をいう。
> この法律において『障害児』とは、児童福祉法第4条第2項に規定する障害児及び精神障害者のうち18歳未満である者をいう」（障害者自立支援法第4条）

> **障害者自立支援法での保護者**
> この法律での「保護者」とは、児童福祉法第6条に規定する保護者をいう（第4条3）。

障害者自立支援法の大きな特徴は、いままで障害別に分かれていた障害者の福祉サービスや事業体系がこの法律に基づき一元化されたことと、サービス利用に際して利用者に原則1割の費用負担があることである。これらをふまえ、以下に障害者自立支援法のポイントを示す。

(1) 障害者自立支援法のポイント

1) 3障害一元化

従来の障害者福祉サービスは、障害別（身体障害、知的障害、精神障害）にその対象やサービス、施設・事業体系などが根拠法とともに分かれていた。これに対して障害者自立支援法では、障害種別を越えて一元的に規定されており、併せてサービスの主体も市町村に一本化されている。

なお、各障害にあったサービスや施設・事業体系などは障害者自立支援法に一元化されたが、身体障害者福祉法、知的障害者福祉法、精神保健福祉法の各法そのものは従来どおり残っている。

2) サービス体系の再編

従来の施設・事業体系を見直し、大きく「介護給付」と「訓練等給付」、および地域の特性に合わせたサービスを行う市町村や都道府県による「地域生活支援事業」に再編した。いずれも障害の種別を越えて利用できるようになった他、基本的に「日中活動の場」と「住まいの場」は分けて利用することになっている。（図表4-2、4-3）

3) 就労支援の強化

働く意欲のある障害者の、一般就労等をめざす就労支援の強化を目的に、就労移行支援事業を創設した。このほか、就労継続支援（雇用型、非雇用型）も併設して、年齢や体力、就労に必要な知識・能力に合わせた就労支援の仕組みを充実させている。

2. 障害者自立支援法の理念と目的

図表4-2 障害者自立支援法によるサービス

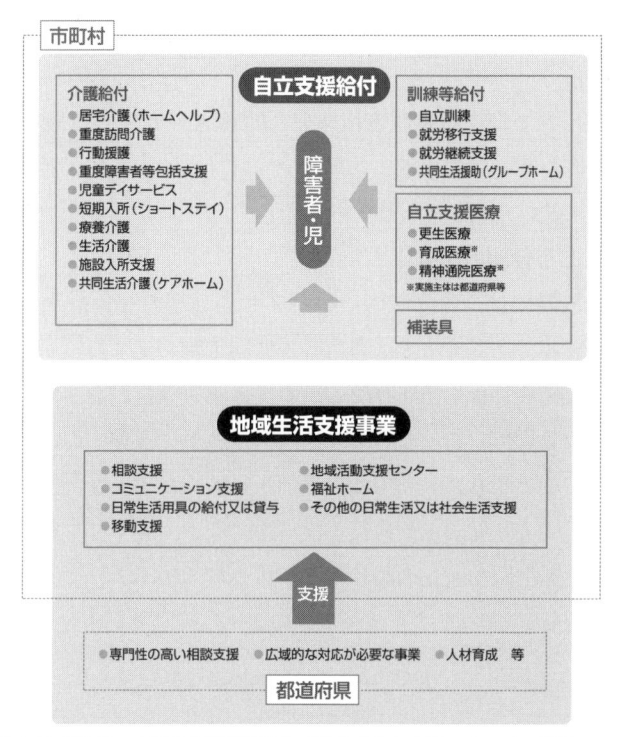

[市町村]

自立支援給付

介護給付
- 居宅介護（ホームヘルプ）
- 重度訪問介護
- 行動援護
- 重度障害者等包括支援
- 児童デイサービス
- 短期入所（ショートステイ）
- 療養介護
- 生活介護
- 施設入所支援
- 共同生活介護（ケアホーム）

訓練等給付
- 自立訓練
- 就労移行支援
- 就労継続支援
- 共同生活援助（グループホーム）

自立支援医療
- 更生医療
- 育成医療
- 精神通院医療※
※実施主体は都道府県等

補装具

障害者・児

地域生活支援事業
- 相談支援
- コミュニケーション支援
- 日常生活用具の給付又は貸与
- 移動支援
- 地域活動支援センター
- 福祉ホーム
- その他の日常生活又は社会生活支援

↑支援

- 専門性の高い相談支援
- 広域的な対応が必要な事業
- 人材育成　等

[都道府県]

出所）厚生労働省・全国社会福祉協議会『障害者自立支援のサービス利用について』平成23年10月版

図表4-3 サービスの再編・新体系

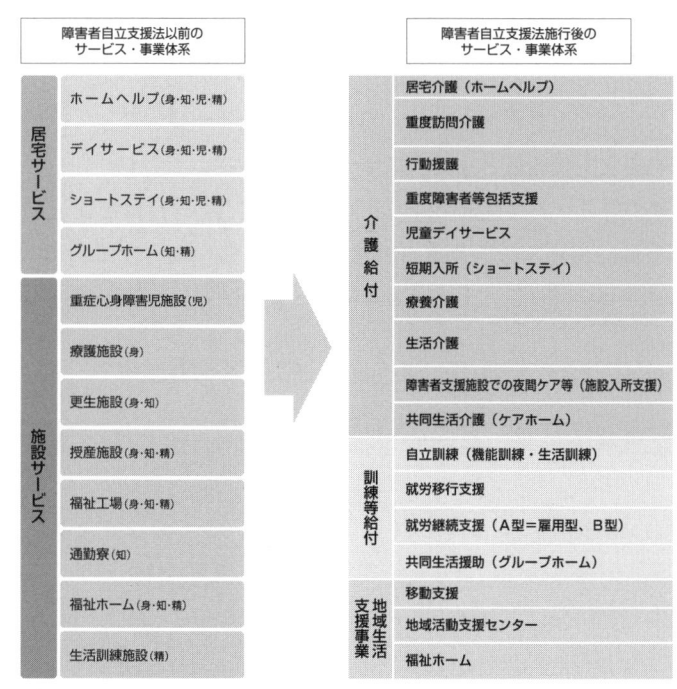

障害者自立支援法以前のサービス・事業体系		障害者自立支援法施行後のサービス・事業体系	
居宅サービス	ホームヘルプ（身・知・児・精）	介護給付	居宅介護（ホームヘルプ）
	デイサービス（身・知・児・精）		重度訪問介護
	ショートステイ（身・知・児・精）		行動援護
	グループホーム（知・精）		重度障害者等包括支援
施設サービス	重症心身障害児施設（児）		児童デイサービス
	療護施設（身）		短期入所（ショートステイ）
	更生施設（身・知）		療養介護
	授産施設（身・知・精）		生活介護
	福祉工場（身・知・精）		障害者支援施設での夜間ケア等（施設入所支援）
	通勤寮（知）		共同生活介護（ケアホーム）
	福祉ホーム（身・知・精）	訓練等給付	自立訓練（機能訓練・生活訓練）
	生活訓練施設（精）		就労移行支援
			就労継続支援（A型＝雇用型、B型）
			共同生活援助（グループホーム）
		地域生活支援事業	移動支援
			地域活動支援センター
			福祉ホーム

出所）厚生労働省・全国社会福祉協議会『障害者自立支援のサービス利用について』平成23年10月版

4） 手続きの透明化・明確化

支援費支給制度ではサービスの支給基準が自治体により異なっていたが、障害者自立支援法では手続きの透明化・明確化を目的に、「市町村審査会」による審査と判定、および「障害程度区分」（詳細後述）が新たに設けられている。また、より適切なサービス利用ができるように、サービス利用計画の作成やケアマネジメントという仕組みも導入された。

5） 皆で支えあう仕組みの強化

支援費支給制度では、障害者の所得に応じて利用料を負担する応能負担であったが、障害者自立支援法では利用者の原則1割の定率負担があり、加えて、サービス利用に係る食費や光熱水費については実費負担となっている。

また従来、公費負担であった精神科通院医療、更生医療、育成医療も自立支援医療に移行するとともに、利用者の原則1割負担が導入された。補装具費もこの法律の導入により原則1割負担となった。なお、いずれも負担額については所得に応じ月額上限や減免の仕組みが準備されている。

公的な費用負担については、国が2分の1、都道府県が4分の1、市町村が4分の1と義務づけられている。

(2) 障害者自立支援法におけるサービスの全体像

障害者自立支援法には、各市町村が共通のサービスとして実施すべき「自立支援給付」と、地域の特性や利用者の状況、役割に合わせて市町村、および都道府県が行う「地域生活支援事業」がある。このうち自立支援給付には「介護給付」、「訓練等給付」、「自立支援医療」、「補装具」がある（図表4−2）。この他に「サービス利用計画作成費」、「高額障害福祉サービス費」、「療養介護医療費」なども自立支援給付として位置づけられている。

なお、障害者自立支援法は2006（平成18）年4月から段階的に施行されたが、サービスや施設種別等の新体系への移行は「2012（平成24）年3月末までに」という移行期間が設けられ、この数年の間は新旧のサービスや施設が混在していた。

3　障害者福祉サービスの種類

障害者自立支援法による福祉サービスには、大きく分けて介護給付によるサービスと、訓練等給付によるサービスがある。介護給付を利用する場合には、後述の障害程度区分により利用できるサービスが規定されるものもある。

自立支援医療
従来、更生医療（身体障害者福祉法）、育成医療（児童福祉法）、精神障害者通院医療（精神保健福祉法）として別々の法律で実施されていたが、障害者自立支援法では自立支援医療として支給認定手続きの共通化、利用者負担の仕組みが図られるようになった。また、利用者の自己負担には月額の上限等が設けられている。詳細は第5章。

補装具
障害者等の身体機能を補完し、または代替えし、かつ長期間にわたり継続して使用されるもの、その他の厚生労働省令で定める基準に該当するものとして、義肢、装具、車いす、その他の厚生労働大臣が定めるものをいう（障害者自立支援法第5条19）。詳細は第5章。

障害福祉サービス
障害者自立支援法における「障害福祉サービス」とは、居宅介護、重度訪問介護、行動援護、療養介護、生活介護、児童デイサービス、短期入所、重度障害者等包括支援、共同生活介護、施設入所支援、自立訓練、就労移行支援、就労継続支援、共同生活援助のことをいう（同法第5条）。

(1) 具体的なサービス内容（介護給付）
1) 居宅介護
　居宅において，入浴，排せつおよび食事等の介護，調理，洗濯，掃除等の家事，相談および助言，その他の生活全般にわたる援助を行う。
　　対象：障害程度区分2以上（他詳細規定あり）。
2) 重度訪問介護
　常に介護を必要とする重度の肢体不自由者に，居宅において入浴，排せつ，食事等の介護，調理，洗濯，掃除等の家事や相談および助言，外出時における移動中の介護を総合的に行う。
　　対象：障害程度区分4以上（他詳細規定あり）。
3) 行動援護
　障害者等が行動する際に生じ得る危険を回避するために必要な援護，外出時における移動中の介護，排せつおよび食事等の介護，その他行動する際に必要な援助を行う。
　　対象：障害程度区分3以上（他詳細規定あり）。
4) 療養介護
　主として昼間において，病院で行われる機能訓練，療養上の管理，看護，医学的管理の下における介護および日常生活上の世話を行う。
　　対象：病院等への長期の入院による医療的ケアに加え，常時の介護を必要
　　　　　とする障害者として次に掲げる者　障害程度区分5または区分6
　　　　　（他詳細規定あり）。
5) 生活介護
　主として昼間において，入浴，排せつおよび食事等の介護，調理，洗濯および掃除等の家事，相談および助言，創作的活動，生産活動の機会の提供。
　　対象：障害程度区分3以上（他詳細規定あり）。
6) 児童デイサービス
　障害児を知的障害児施設，肢体不自由児施設等の施設に通わせ，日常生活における基本的な動作の指導，および集団生活への適応訓練を行う。
　　対象：市町村等が行う乳幼児健診等で療育の必要性が認められる児童。
　　　　　児童相談所，保健所，児童家庭支援センター，医療機関等から療育
　　　　　の必要性を認められた児童。
7) 短期入所（ショートステイ）
　自宅で介護者が病気などの場合，短期間の入所による入浴，排せつ，食事その他の必要な介護を行う。
　　対象：障害程度区分1以上（他詳細規定あり）。
8) 重度障害者等包括支援
　重度の障害者等に対し，居宅介護，重度訪問介護，行動援護，生活介護，児

童デイサービス，短期入所，共同生活介護，自立訓練，就労移行支援，就労継続支援および旧法施設支援（通所によるものに限る）を包括的に提供。

　　　対象：障害程度区分6（他詳細規定あり）。

9）共同生活介護（ケアホーム）

　主として夜間において，共同生活住居において入浴，排せつ，食事等の介護，調理，洗濯，掃除等の家事，相談および助言等を行う。

　　　対象：障害程度区分2以上（他詳細規定あり）。

10）施設入所支援

　主として夜間において，入浴，排せつ，食事等の介護，生活等に関する相談および助言，その他の必要な日常生活上の支援を行う。

　　　対象：障害程度区分4以上（他詳細規定あり）。

(2) 具体的なサービス内容（訓練等給付）

1）自立訓練（機能訓練）

　障害者支援施設やサービス事業所，自宅への訪問などで，理学療法，作業療法などのリハビリテーション，生活等に関する相談および助言などを行う。

自立訓練（生活訓練）

　障害者支援施設やサービス事業所，自宅への訪問などで，入浴，排せつ，食事等に関する自立した日常生活を営むために必要な訓練，生活等に関する相談および助言などを行う。

宿泊型自立訓練

　居室その他の設備で，家事等の日常生活能力を向上させるための支援，生活等に関する相談および助言その他の必要な支援を行う。

2）就労移行支援

　就労を希望する65歳未満の障害者に，生産活動，職場体験，必要な訓練，求職活動に関する支援，職場開拓，職場定着のために必要な相談等の支援を行う。

3）就労継続支援A型（雇用型）

　企業等に就労することが困難な65歳未満の障害者に，雇用契約に基づき生産活動その他の活動の機会の提供，就労に必要な知識および能力向上に必要な訓練等の支援を行う。

4）就労継続支援B型（非雇用型）

　年齢，心身の状態その他の事情などで通常の事業所に雇用されることが困難な障害者に，生産活動や活動の機会の提供，就労に必要な知識および能力向上に必要な訓練等の支援を行う。

5）共同生活援助（グループホーム）

　地域で共同生活を営むのに支障のない障害者に，主として夜間において，共

4 障害程度区分判定の仕組みとプロセス

　障害者自立支援法において，特に介護給付のサービスを利用する場合には，「障害程度区分」の認定を受けることになる。これは，公平な尺度とプロセスで支給決定を行うとともに，より効果的にサービス利用することを目的としたもので，利用する障害者や家族の状況，意向などをふまえて判断される。

　具体的には，はじめに介護保険の要介護度調査に用いられている79項目をもとに，さらに障害特性や日常生活面に関する27項目を加えた合計106項目により，機械的に非該当から区分1～6の一次判定がなされる。続く市町村審査会での二次判定では，医師の意見書や認定調査票の特記事項などが検討され，最終的な区分（非該当，区分1～6）が認定されることになる（図表4－4）。

　なお，障害者自立支援法が施行された後も，従来からある障害別の手帳制度や等級の仕組みはそのまま残っている。

市町村審査会
　障害程度区分の認定に際して必要な審査や判定を行うために市町村に置かれる。委員は，定められた基準の定数で，障害者等の保健や福祉に関する学識経験者で構成される。都道府県が市町村の委託を受けて審査や判定を行う場合には都道府県審査会となる。
　審査会の判定結果をもとに最終的に市町村が障害程度区分の認定を行う（関連項目：第15条～27条）。

不服審査会
　市町村の介護給付に関する決定等に不服がある障害者や障害児の保護者は，都道府県知事に対して審査請求をすることができることになっている。請求に基づき，都道府県知事から任命された委員で構成される「障害者介護給付費等不服審査会（不服審査会）」が置かれることになる（関連項目：第97条～105条）。

図表4－4　障害程度区分と内容

区分1	障害程度区分基準時間が25分以上32分未満である状態 ※またはこれに相当すると認められる状態
区分2	障害程度区分基準時間が32分以上50分未満である状態 ※またはこれに相当すると認められる状態
区分3	障害程度区分基準時間が50分以上70分未満である状態 ※またはこれに相当すると認められる状態
区分4	障害程度区分基準時間が70分以上90分未満である状態 ※またはこれに相当すると認められる状態
区分5	障害程度区分基準時間が90分以上110分未満である状態 ※またはこれに相当すると認められる状態
区分6	障害程度区分基準時間が110分以上である状態 ※またはこれに相当すると認められる状態

「障害程度区分に係る市町村審査会による審査及び判定の基準等に関する省令（平成18年厚生労働省令第40号）
※これに相当すると認められる状態とは次のとおりである。
① 障害程度区分基準時間は各障害程度区分で定める時間の範囲にないが，認定調査のうち行動障害の頻度および手段的日常生活動作（IADL）に係る支援の必要性に関する項目の結果を勘案して，各障害程度区分の状態に相当すると認められる状態。
② 障害程度区分基準時間，認定調査の結果，特記事項および医師意見書を勘案して，各障害程度区分の状態に相当すると認められる状態。
　なお，障害程度区分基準時間は，1日当たりの介護，家事援助等の支援に要する時間を一定の方法により推計したもので，これは障害程度区分認定のために設定された基準時間であり，実際の介護サービスに要している，ないしは，要すると見込まれる時間とは一致しない。
資料）厚生労働省

5　支給決定の仕組みとプロセス

　障害者自立支援法のサービス利用申請は，基本的に障害者本人や障害児の保護者などが居住地の市町村に行うことになる（相談支援事業者による代行も可）。その後，市町村，または委託を受けた相談支援事業者による認定調査が行われ，介護給付の場合は前項の障害程度区分の認定が行われる。

　続いて介護給付，訓練等給付ともに，外出や社会参加，就労の状況や経験，日中活動や介護者の状況といった勘案事項の調査，および，サービス利用に関する具体的な意向の聴取等を経て支給決定がなされる。

　障害者や障害児の保護者などは支給決定に基づいてサービスを利用することになるが，特に計画的な支援が必要な場合には「サービス利用計画の作成」の支援が行われる。これは，いくつかのサービス（インフォーマルサービスも含む）の組み合わせや，利用時間の調整などを相談支援事業者に依頼することができるというもので，相談支援事業者には市町村から「サービス利用計画作成費」が支払われる。この場合には利用者負担は発生しない（図表4－5）。

6　障害者自立支援法と介護保険の関係

　65歳以上の障害者のサービス利用に関して，障害者施策と介護保険との関係は次のとおりである。

(1) 共通するサービスについては基本的に介護保険のサービスを利用する。
(2) 介護保険の保険給付にないサービスは引き続き障害者福祉のサービスが利用できる。
(3) より濃密なサービス，コミュニケーション援助，通院介助等の固有のニーズに基づくサービスが必要であると認められる場合は，引き続き障害者福祉のサービスから必要なサービスが利用できる。
(4) 施設サービスの目的，機能の必要性が認められる場合には障害者施設への入所（通所を含む）が認められる。
(5) 必要なサービスを提供する施設が近くにない場合など，やむを得ない事情がある場合には障害者福祉のサービスが利用できる。
(6) 障害者についても，40歳以上の者は原則介護保険の被保険者となる（入所，入院者などの適用外規定あり）。
(7) 65歳以上（特定疾病による場合は40歳以上65歳未満）の障害者が介護保険のサービスを利用しようとする場合は，介護保険法に基づく要介護等認定申請を行い認定を受ける。

特定疾病

　介護保険法では次の16の疾病を特定疾病としている。①がん（医師が一般に認められている医学的見地に基づき回復の見込みがない状態に至ったと判断したものに限る），②関節リウマチ，③筋委縮性側索硬化症，④後縦靱帯骨化症，⑤骨折を伴う骨粗鬆症，⑥初老期における認知症，⑦進行性核上性麻痺，大脳皮質基底核変性症およびパーキンソン病，⑧脊髄小脳変性症，⑨脊柱管狭窄症，⑩早老症，⑪多系統委縮症，⑫糖尿病性神経障害，糖尿病性腎症および糖尿病性網膜症，⑬脳血管疾患，⑭閉塞性動脈硬化症，⑮慢性閉塞性肺疾患，⑯両側の膝関節または股関節に著しい変形を伴う変形性関節症（介護保険法施行令第2条）。

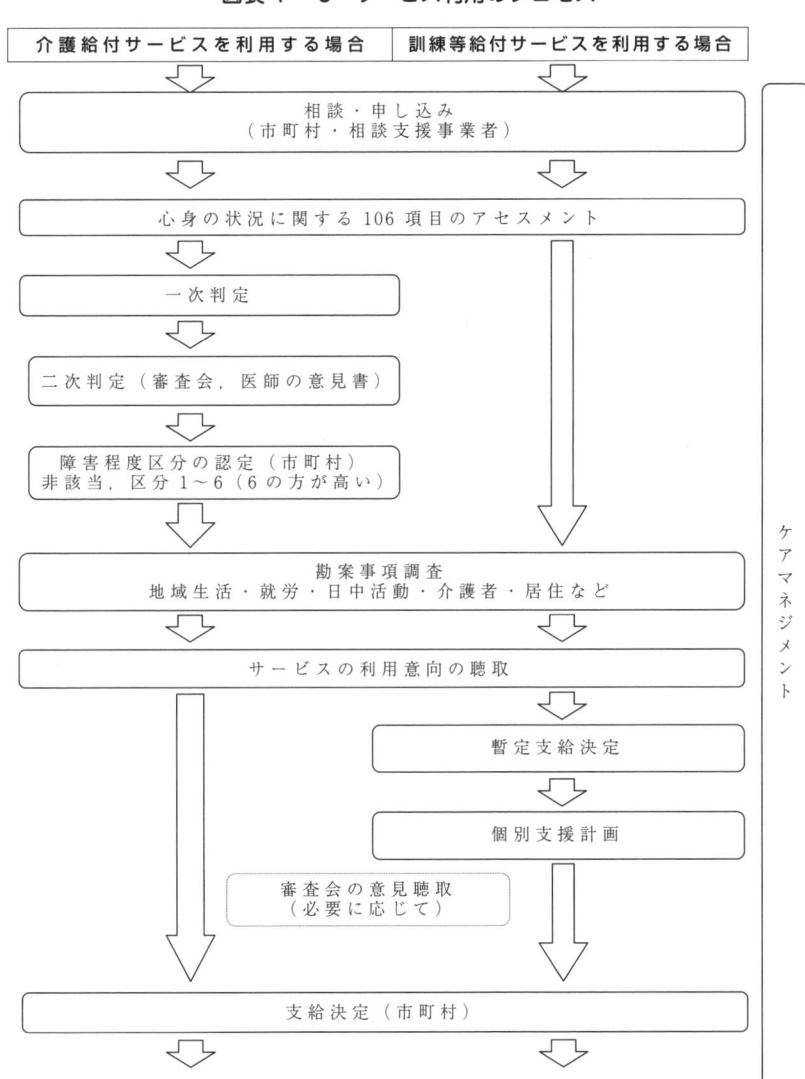

図表4-5 サービス利用のプロセス

```
[介護給付サービスを利用する場合]     [訓練等給付サービスを利用する場合]
               ↓                                ↓
         相談・申し込み
      （市町村・相談支援事業者）
               ↓                                ↓
      心身の状況に関する106項目のアセスメント
               ↓
           一次判定
               ↓
      二次判定（審査会，医師の意見書）
               ↓
      障害程度区分の認定（市町村）
      非該当，区分1～6（6の方が高い）
               ↓                                ↓
         勘案事項調査
      地域生活・就労・日中活動・介護者・居住など
               ↓
         サービスの利用意向の聴取
                                                ↓
                                            暫定支給決定
                                                ↓
                                            個別支援計画
             審査会の意見聴取
             （必要に応じて）
               ↓                                ↓
              支給決定（市町村）
               ↓                                ↓
         サービス利用計画の作成・
         サービス利用・モニタリング
```

（右側：ケアマネジメント）

7 利用者負担，および障害者自立支援法の見直し

　障害者自立支援法の原則1割の定率負担については，所得が十分でない多くの障害者にとって負担が大きく，法律の施行当初から見直しが求められていた。

　これについて，利用者負担の基本的枠組みの見直しが図られ2010（平成22）年4月から多くの障害者の利用料が実質無料となった。

　具体的には，従来無料であった生活保護世帯に加え，低所得（市町村民税非課税）の障害者等につき，福祉サービスおよび補装具に係る利用者負担が無料化された（図表4-6）。

図表4-6 利用者負担の区分

区分	世帯の収入	費用負担
(1) 一般	市町村民税課税世帯	所得に応じた月額負担の上限
(2) 低所得2	市町村民税非課税世帯（(3)を除く）	2010（平成22）年4月から無料
(3) 低所得1	市町村民税非課税世帯であって利用者本人の年収が80万円以下	2010（平成22）年4月から無料
(4) 生活保護	生活保護世帯	従来から無料

さらに，低所得の通所サービス利用者については，食費負担額の軽減措置が実施され，低所得の入所施設利用者については，手元に25,000円（障害基礎年金1級は28,000円）が残るように個別減免，補足給付が行われることになっている。

なお，障害者自立支援法は，2010（平成22）年に一部改正が行われ（図表4-7），併せて，障害者自立支援法を抜本的に見直し，「制度の谷間」のない，利用者の「応能負担」を基本とする新たな総合的な制度，障害者総合福祉法（仮称）をつくることが検討されている。

図表4-7 2010（平成22）年の障害者自立支援法一部改正の概要

①利用者負担の見直し ・利用者負担について，応能負担を原則に ・障害福祉サービスと補装具の利用者負担を合算し負担を軽減
②障害者の範囲及び障害程度区分の見直し ・発達障害が障害者自立支援法の対象となることを明確化 ・障害程度区分の名称と定義の見直し（※障害程度区分そのものについても障害の多様な特性を踏まえて抜本的に見直し）
③相談支援の充実 ・相談支援体制の強化（市町村に総合的な相談支援センターを設置，「自立支援協議会」を法律上位置付け） ・支給決定プロセスの見直し（サービス利用計画案を勘案），サービス利用計画作成の対象者の大幅な拡大
④障害児支援の強化 ・児童福祉法を基本として身近な地域での支援を充実 ・（障害種別等で分かれている施設の一元化，通所サービスの実施主体を都道府県から市町村へなど） ・放課後型のデイサービス等の充実
⑤地域における自立した生活のための支援の充実 ・グループホーム・ケアホーム利用の際の助成を創設 ・重度の視覚障害者の移動を支援するサービスの創設（個別給付化）
⑥その他 ・事業者の業務管理体制の整備 ・精神科救急医療体制の整備等

施行期日：1年6ヶ月を超えない範囲内において政令で定める日。（障害者の範囲は公布の日。障害程度区分，③，④は平成24年4月1日。）
資料）厚生労働省

参考文献
大阪ボランティア協会編『福祉小六法2011』中央法規,2010年
厚生労働省編『厚生労働白書』(平成21年版,平成22年版)
厚生労働省・全国社会福祉協議会『障害者自立支援法のサービスの利用について』
　(平成22年4月版,平成23年10月版)
内閣府編『障害者白書』(平成17年版,平成22年版,平成23年版)
ミネルヴァ書房編集部編『社会福祉小六法2011』ミネルヴァ書房,2011年

プロムナード

　障害者自立支援法が導入されて以来,サービス利用の際の「原則1割負担」についての批判や見直しの意見などが全国各地で聞かれました。減免の仕組みがあったとはいえ,就労の機会や障害基礎年金の額など十分なものでない障害者にとって「原則1割」は,大きな負担を感じさせるものであったと推察されます。
　一方で,支援費支給制度や障害者自立支援法など新しい仕組みが導入された背景もあらためて意識しておく必要があります。わが国は,長引く不況と多額の債務で厳しい経済状況にあり,併せて,社会福祉サービスに対するニーズも増大化・多様化しています。障害者の福祉サービスを含め,社会保障費を国民全体でどう分担するかという課題があるのもまた事実です。
　これら背景もきちんと理解すること,あるいはそのうえで意見や代案を示すことも社会福祉士に求められる役割のひとつではないでしょうか。

学びを深めるために

坂本洋一『図説よくわかる障害者自立支援法　第2版』中央法規,2008年
山内一永『図解,障害者自立支援法早わかりガイド』日本実業出版社,2011年
　障害者自立支援法の各項目・ポイントが図表を用いてわかりやすく解説されている。
　障害がある利用者や障害児の保護者が目の前にいることをイメージして,障害者自立支援法の仕組みを説明してみよう。

第5章

障害者自立支援法②

1 障害者支援施設の種類

　障害者自立支援法（以下本章において「法」という）における障害者支援施設は，障害者に施設入所支援を行うとともに，施設入所支援以外の施設障害福祉サービスを行う施設とされている（法5条12項）。自立支援法で規定された新しい体系は，身体障害，知的障害，精神障害の3障害の施設サービスを統合し，障害の種類を越えたサービスの提供を可能にした。さらに施設のサービスを昼に行う「日中活動事業」と夜間に行う「居住支援事業」に分けたことにより，施設に入所していても「日中活動事業」で提供されるサービスが利用できるようになった。

　「日中活動事業」で提供されるサービスは，介護給付による①療養介護（医療型），②生活介護（福祉型），訓練等給付による③自立訓練（機能訓練，生活訓練，身体障害者対象），④就労移行支援，⑤就労継続支援（雇用型，非雇用型），地域生活支援事業による⑥地域活動支援センターでのサービスである。

　「居住支援事業」で行っているサービスは，①施設入所支援，②ケアホーム（共同生活介護），③グループホーム（共同生活援助），④福祉ホーム事業である。

　「日中活動事業」と「居住支援事業」の両方を行っている事業所が障害者支援施設で，「日中活動事業」のみや「居住支援事業」のみの事業所は障害福祉サービス事業となる。以下に「日中活動事業」と「居住支援事業」でそれぞれ提供されるサービスの内容を示す。

(1) 日中活動事業
1) 療養介護（医療型）
　医療的ケアに加え常時介護を必要とする障害者に，昼間において，病院等の施設において行われる機能訓練，療養上の管理，看護，介護や日常生活上の相談支援等を提供（法5条5項）。

2) 生活介護（福祉型）
　常時介護を必要とする障害者に，昼間において，障害者支援施設等の施設において行われる入浴，排せつや食事の介護，創作的活動や生産活動の機会等を提供（法5条6項）。

3) 自立訓練（機能訓練・生活訓練）
　障害者に自立した日常生活や社会生活を営むことができるよう，身体障害者は1年6か月間，知的障害者・精神障害者は2年間，身体機能や生活能力の向上のために必要な訓練等を提供（法5条13項）。

4) 就労移行支援
　就労を希望する65歳未満の障害者に，2年間，生産活動等の機会を提供し，就労に必要な知識や能力の向上のために必要な訓練等を提供（法5条14項）。

ケア
　ケアという言葉は，これまで，医療や看護の領域で使用されてきたが，介護保険制度導入以降，福祉（介護）の領域でも用いられるようになった。メイヤロフ（Mayeroff,M.）は，ケアの主要素として，①知識，②リズムを変えること，③忍耐，④正直，⑤信頼，⑥謙虚，⑦希望，⑧勇気をあげている。

5) 就労継続支援A型（雇用型）

　企業等への就労を希望する65歳未満の障害者に，事業所内において，雇用契約に基づく就労の機会を提供し，一般就労に必要な知識・能力が高まった場合は一般就労への移行に向けた支援（法5条15項）。

就労継続支援B型（非雇用型）

　就労移行支援等を利用したが雇用に結び付かない者や年齢や体力の面で雇用されることが困難となった者に，事業所内において，雇用契約を結ばない就労の機会を提供し，一般就労に必要な知識・能力が高まった場合は一般就労への移行に向けた支援（法5条15項）。

6) 地域活動支援センター

　地域において，創作的活動または生産活動の機会の提供，社会との交流の促進を図る施設（法5条21項）。

(2) 居住支援事業

1) 施設入所支援

　介護が必要な障害者等に，夜間において，入浴，排せつ，食事の介護等を提供（法5条11項）。

2) 共同生活介護（ケアホーム）

　介護の必要な障害者に，夜間に，共同生活を営むべき住居において，入浴，排せつ，食事の介護等を提供（法5条10項）。

3) 共同生活援助（グループホーム）

　地域で共同生活を営むのに支障のない障害者に，夜間に，共同生活を営むべき住居において相談等の日常生活上の援助（法5条16項）。

4) 福祉ホーム事業

　家庭環境や住宅事情等の理由で住居を求めている障害者に，低額な料金で居室等を提供し，障害者の地域生活を支援（法5条22項）。

　旧身体障害者福祉法により運営されていた身体障害者更生援護施設を経営する事業（法附則41条1項），旧知的障害者福祉法の規定による知的障害者援護施設を経営する事業（法附則58条1項），旧精神保健及び精神障害者福祉に関する法律による精神障害者社会復帰施設を経営する事業（法附則48条）は旧法施設である間は，旧法の定義を用いる。施設の概要は以下のとおりである。

(3) 旧身体障害者福祉法により運営されていた身体障害者更生援護施設を経営する事業（法附則41条1項）

1) 肢体不自由者更生施設

　肢体不自由がある者に入所または通所により，更生に必要な治療や訓練を行

う。

2) 視覚障害者更生施設

中途失明者に入所または通所により，あん摩マッサージ指圧師，はり師，きゅう師の免許取得のための教育訓練等を行う。日常生活における相談等も実施している。

3) 聴覚・言語障害者更生施設

聴覚・言語障害者に聴覚機能に関する医学的診断と治療，聴力回復訓練，補聴器装用訓練，音声・言語機能回復訓練，手話・口話の指導，心理療法，職業訓練等を行う。

4) 内部障害者更生施設

心臓・腎臓・呼吸器・腸・膀胱等，内臓の機能や免疫機能に障害をもつ内部障害者に医学的管理のもとに職業訓練や生活訓練を行う。

5) 身体障害者療護施設

身体障害者であって常時介護を必要とする者を入所させて，治療や養護を行う。

6) 身体障害者福祉ホーム

身体上の障害のため家庭において日常生活を営むのに支障のある身体障害者に対し，低額な料金で，居室等の設備を提供。

7) 身体障害者授産施設

雇用されることの困難な身体障害者等を入所させ，必要な訓練を行い，職業を与え，自活させる。

8) 身体障害者通所授産施設

雇用されることの困難な身体障害者等を通所させて，必要な訓練を行い，職業を与え，その自立を促進させる。

9) 身体障害者小規模通所授産施設

雇用されることの困難な身体障害者等を通所させて，必要な訓練を行い，職業を与え，その自立を促進させる。定員10名以上19名以下の通所授産施設。

10) 身体障害者福祉工場

身体障害者で，作業能力が高いにもかかわらず，一般企業での就労が困難な者に，医学的な管理のもと職場を提供し，社会的自立を促進する。

(4) 旧知的障害者福祉法の規定による知的障害者援護施設を経営する事業（法附則58条1項）

1) 知的障害者更生施設（入所）

18歳以上の知的障害者を入所させて，更生に必要な指導及び訓練を行う。

2) 知的障害者更生施設（通所）

18歳以上の知的障害者を通所させて，更生に必要な指導及び訓練を行う。

図表5-1　施設と事業体系の見直し

<現行>
- 重症心身障害児施設（年齢超過児）
- 進行性筋萎縮症療養等給付事業
- 身体障害者療護施設
- 更生施設（身体・知的）
- 授産施設（身体・知的・精神）
- 小規模授産施設（身体・知的・精神）
- 福祉工場（身体・知的・精神）
- 精神障害者生活訓練施設
- 精神障害者地域生活支援センター（デイサービス部分）
- 障害者デイサービス

概ね5年程度かけて新体系へ移行

<見直し後>

日中活動の場：以下から一ないし複数の事業を選択
- 療養介護（※1）（医療型）
- 生活介護（福祉型）
- 自立訓練（機能訓練・生活訓練）
- 就労移行支援
- 就労継続支援
- 地域活動支援センター（地域生活支援事業）

＋

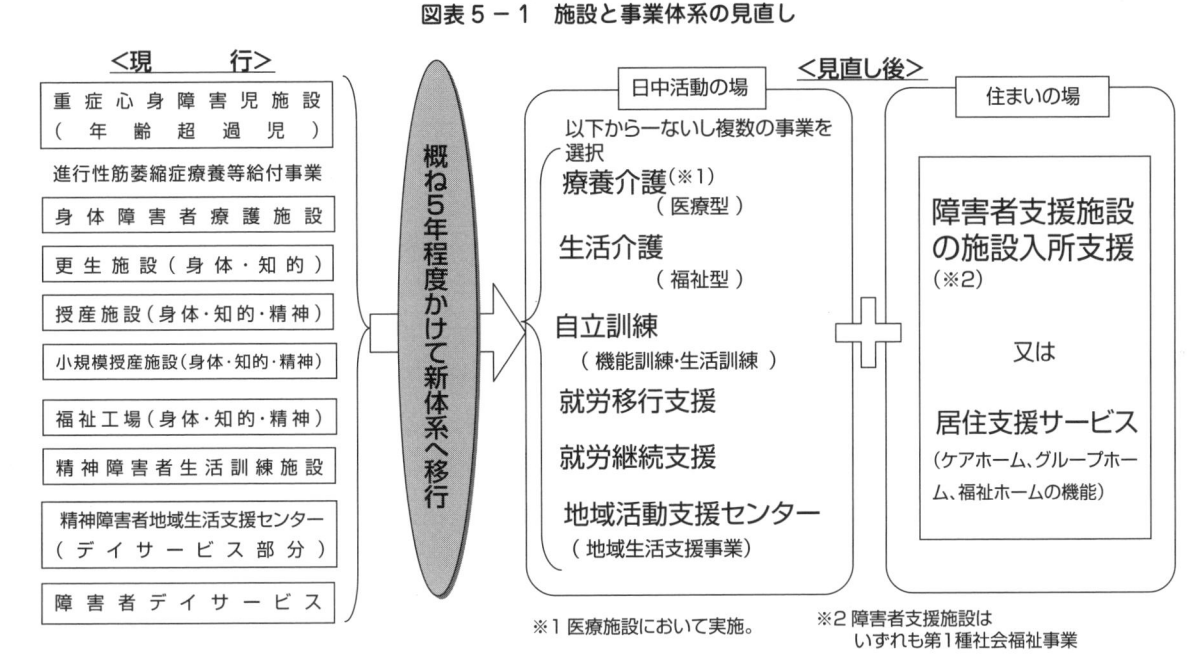

住まいの場
- 障害者支援施設の施設入所支援（※2）
- 又は
- 居住支援サービス（ケアホーム、グループホーム、福祉ホームの機能）

※1 医療施設において実施。
※2 障害者支援施設はいずれも第1種社会福祉事業

出所）厚生労働省ホームページ（http://www.mhlw.go.jp）

3）知的障害者授産施設（入所）

18歳以上の知的障害者であって雇用されることが困難な者を入所させて、自活に必要な訓練を行うとともに職業を与えて自活させる。

4）知的障害者授産施設（通所）

18歳以上の知的障害者であって雇用されることが困難な者を通所させて、自活に必要な訓練を行うとともに職業を与えて自活させる。

5）知的障害者小規模通所授産施設

18歳以上の知的障害者であって雇用されることが困難な者を通所させて、自活に必要な訓練を行うとともに職業を与えて自活させる。定員10名以上19名以下の通所授産施設。

6）知的障害者通勤寮

就労している知的障害者に対し、居室その他の設備を利用させるとともに独立自活に必要な助言及び指導を行う。

7）知的障害者福祉工場

知的障害者で、作業能力が高いにもかかわらず、一般企業での就労が困難な者に、職場を提供し、社会的自立を促進する。

(5) 旧精神保健及び精神障害者福祉に関する法律による精神障害者社会復帰施設を経営する事業（法附則48条）

1）精神障害者生活訓練施設（援護寮）

精神障害のため家庭において日常生活を営むのに支障がある精神障害者が日

常生活に適応することができるように，低額な料金で，居室その他の設備を利用させ，必要な訓練及び指導を行うことにより，その者の社会復帰の促進を図ることを目的とする施設。

2) 精神障害者福祉ホーム

日常生活において介助を必要としない程度に生活習慣が確立しており，継続して就労できる見込みがある者で，家庭環境，住宅事情等の理由により住居の確保が困難である者を対象とした施設。

3) 精神障害者通所授産施設

雇用されることが困難な精神障害者が自活することができるように，低額な料金で，必要な訓練を行い，職業を与えることにより，その者の社会復帰の促進を図る通所施設。

4) 精神障害者小規模通所授産施設

雇用されることが困難な精神障害者が自活することができるように，低額な料金で，必要な訓練を行い，職業を与えることにより，その者の社会復帰の促進を図る通所施設。定員10名以上19名以下の通所授産施設。

5) 精神障害者福祉工場

精神障害者で，作業能力が高いにもかかわらず，一般企業での就労が困難な者に，職場を提供し，社会復帰の促進を行う。

2 補装具・住宅改修の種類

(1) 補装具

補装具は，障害者自立支援法76条に「当該補装具の購入または修理に要した費用について，補装具費を支給する」と規定されている。「平成十八年法・83号」により，現物支給による「補装具支給制度」から「補装具費支給制度」へと変わった。さらに，補装具と日常生活用具とで一部種目の入れ替えなどが行われている。日常生活用具は，生活上の便宜を図るための用具で，地域生活支援事業に位置づけられている。

法5条19項は「この法律において『補装具』とは，障害者等の身体機能を補完し，または代替し，かつ，長期間にわたり継続して使用されるものその他の厚生労働省令で定める基準に該当するものとして，義肢，装具，車いすその他の厚生労働大臣が定めるものをいう」としている。

平成18年厚生労働省告示529号では，補装具の満たすべき要件は，①障害者等が安全かつ容易に使用できるもの，②障害者等の日常生活上の困難を改善するもの，③用具の製作に際して障害に関する医師等による専門的な知見を要するものである。

補装具の用途および形状は平成18年厚生労働省告示529号に規定されてお

1) 介護・訓練支援用具

特殊寝台，特殊マットその他の障害者等の身体介護を支援する用具並びに障害児が訓練に用いるいす等（例：体位変換機，入浴担架等）。

2) 自立生活支援用具・入浴補助用具

聴覚障害者用屋内信号装置その他の障害者等の入浴，食事，移動等の自立生活を支援する用具（例：便器，つえ，火災報知機，電磁調理器等）。

3) 在宅療養等支援用具

電気式たん吸引器，盲人用体温計その他の障害者等の在宅療養等を支援する用具（例：ネブライザー，酸素ボンベ運搬車等）。

4) 情報・意思疎通支援用具

点字器，人工喉頭その他の障害者等の情報収集，情報伝達，意思疎通等を支援する用具（例：補聴器，携帯用会話補助装置等）。

5) 排泄管理支援用具

ストーマ装具その他の障害者等の排泄管理を支援する用具及び衛生用品（例：浣腸用具，紙おむつ，収尿器等）。

6) 居宅生活動作補助用具

障害者等の居宅生活動作等を円滑にする用具であって，設置に小規模な住宅改修をともなうもの。

(2) 住宅改修

住宅改修は法に基づく補装具費支給制度の一環として補装具の貸与・購入制度とともに居宅生活動作補助用具として位置づけられている。障害者等の申請により，手すりの取り付け，段差の解消，滑りの防止および安全かつ円滑な移動のための床材の変更，引き戸等への扉の取り換え，和式便器から洋式便器への取り換え，その他各住宅改修に付帯して必要となる住宅改修がその対象となっている。改修工事限度額は20万円で，その9割相当額が1軒につき1回日常生活用具の住宅改修費として給付される。

改修に付帯して必要となる手すりの取り付けのための壁の下地補強や便器の取り換えにともなう給排水設備工事等の住宅改修も給付の対象となる。ただし，改修内容に応じた必要最小限のものに限られる。

3 自立支援医療

自立支援医療とは，障害者の心身の障害の状態の軽減を図り，自立した日常生活または社会生活を営むために必要な医療であって政令で定めるものをいう（法5条18項）。身体障害者福祉法における更生医療，児童福祉法に基づく育成

更生医療
身体障害者が障害の程度の軽減または障害の除去を通じて社会的更生を図るため本人の申請により必要な医療給付を行うことをいう。給付の対象は，視覚障害，聴覚障害，音声・言語・そしゃく機能障害，肢体不自由，内部障害に該当し18歳以上の身体障害者手帳の交付をうけた者で，かつ，身体障害者更生相談所の判定をうけ更生医療が必要と認められたものである。なお，1998年からヒト免疫不全ウイルス（エイズ）による免疫機能障害が対象に加えられた。

医療，精神保健福祉法における精神通院医療をまとめたものであるが，知的障害者（児）は適用対象になっていない。

これまでの障害の違いによる公費負担制度の仕組みを統一し，更生医療・育成医療の対象者のなかでの給付の重点化，精神障害者通院医療・更生医療の対象者の急増による財政負担の増大などに対応するために，自立支援医療では利用者負担の見直しが行われた。

第一に給付対象者の重点化を図るため，第二に医療費の負担能力や重度かつ継続的な医療費負担の状況に応じるため，第三に各制度間の費用負担の違いを解消するため，医療費（応益負担）と所得（応能負担）の双方に応じた負担となっている。

法58条3項1号によれば，自己負担は原則10%であるが，世帯の所得が低い場合や重度かつ継続的に相当額の医療費負担が発生する場合は，負担額の上限を設定している。自立支援医療における世帯は同じ医療保険に加入している家族を世帯として扱っている。

重度かつ継続の状況に「該当」とは，医療保険において継続的に相当額の負担をしている「世帯」（医療保険の多数該当）であること，または罹患している疾病が継続的に相当額の医療費負担を発生させる場合をいう。重度かつ継続の申請は，中間的な所得以上の世帯の申請事項で，重度かつ継続の認定を受けることで負担の軽減が図られる。

4　地域生活支援事業，苦情解決，審査請求

(1) 地域生活支援事業

地域生活支援事業は，障害のある人が，その有する能力や適性に応じ自立した日常生活または社会生活を営むことができるよう，地域の実情に応じて，市町村や都道府県の裁量で柔軟に実施できる事業である。市町村が行う地域生活支援事業に関する費用は市町村が負担する。

市町村および都道府県は，地域で生活する障害のある人のニーズを踏まえ，自治体の創意工夫により事業の詳細を決定し，効率的・効果的な取り組みを行うことが求められている。

1) 市町村の生活支援事業（法77条）

市町村が行う生活支援事業では，障害者等からの相談に応ずるとともに，必要な情報の提供等を行う事業，手話通訳者等の派遣，日常生活用具の給付または貸与，障害者等の移動を支援する事業，障害者等を通わせ創作的活動等の提供を行う事業を必須事業とし，その他市町村の判断により，自立した日常生活または社会生活を営むために必要な事業を行うことができる。具体的には①相談支援事業（障害のある者等からの相談に応じ，必要な情報の提供，助言，

育成医療
身体に障害のある児童（18歳未満）または，そのまま放置すると将来障害を残すと認められる疾患がある児童が，その障害を除去・軽減する効果が期待できる手術等の治療を行う場合の医療費を一部公費負担する制度。

精神通院医療
精神科の通院に関わる公費負担制度である。従来，精神保健福祉法第32条に定められた通院医療費公費負担制度として運用されていたが，自立支援医療では精神通院医療として組み込まれている。

応益負担
サービス利用を受けた人が，その利用により受けた利益に応じ費用を負担すること。受益者負担ともいう。実際の運用では，サービスをより多く利用する者の負担が大きくなるため，一定額以上の利用には負担を軽減する高額療養費等の支給措置などが行われる。

応能負担
主に社会保険制度において，サービス利用を受ける人がその所得に応じて負担を行うこと。実際の運用では，所得階層別に算定基準を設け，低所得階層には負担の減免措置が図られている。

権利の擁護のために必要な援助等の総合的な相談支援などを行う事業)，② コミュニケーション支援事業（聴覚，言語機能，音声機能その他の障害のため意思疎通を図ることに支障がある者のために，手話通訳等を行う者を派遣する事業)，③ 日常生活用具給付等事業（重度障害者に対し，日常生活用具を給付または貸与する事業)，④ 移動支援事業（屋外での移動が困難な障害者に外出のための支援を行う事業)，⑤ 地域活動支援センター事業（障害者に対して，創作的活動または生産活動の機会を提供し，社会との交流促進を図る事業)，⑥ その他の事業（実際に住居を求めている障害者に対して，低額な料金で，居室その他の設備を利用させ，日常生活に必要な便宜を供給する施設である福祉ホームを営む事業）がある。

2) 都道府県の生活支援事業（法78条）

都道府県が行う地域生活支援事業としては，特に専門性の高い相談・支援事業，広域的な対応が必要な事業・サービス提供や相談支援に携わる者に対する育成・研修事業がある。具体的には ① 専門性の高い相談支援事業（発達障害者支援センター運営事業や障害者就業・生活支援センター事業等の特に専門性の高い相談について，必要な情報の提供等を行う事業)，② 広域的な支援事業（市町村域を超えて広域的な支援を行う事業)，③ サービス・相談支援者，指導者育成事業（障害福祉サービスまたは相談支援が円滑に実施されるよう，サービス等を提供する者またはこれらの者に対し必要な指導を行う者を育成する事業)，④ その他の事業（障害のために日常生活上必要な情報の入手等が困難な者に対し，必要な支援を行う情報支援等事業等）などがこれに該当する。

(2) 苦情解決（障害者自立支援法に基づく指定相談支援の事業の人員及び運営に関する基準27条）

社会福祉法82条では，事業を行っている者が利用者等の苦情解決を行わなければならないと規定している。法45条では，指定相談支援の事業の人員および運営に関する基準を定めている。それに基づき苦情解決については「障害者自立支援法に基づく指定相談支援の事業の人員及び運営に関する基準」27条で次のように示されている。① 指定相談支援事業者は，提供した指定相談支援やサービス利用計画に位置づけた福祉サービス等に関する利用者等からの苦情に迅速かつ適切に対応するために，苦情を受け付けるための窓口を設置しなければならない。② 指定相談支援事業者は，苦情を受け付けた場合には，その内容等を記録しなければならない。③ 指定相談支援事業者は，その提供した指定相談支援に関し，市町村や都道府県知事から指導または助言を受けた場合は，当該指導または助言に従って必要な改善を行わなければならない。④ 指定相談支援事業者は，都道府県知事，市町村または市町村長から求めがあった場合には，改善の内容を都道府県知事，市町村または市町村長に報告し

ピア・カウンセリング

当事者同士の相談・助言をいう。とくに心身に障害や疾患をもち困難な状況から立ち直った人などが，同じ障害，疾患をもった人たちに自分の過去の経験を基に相談・助言をすることを指す。

なければならない。⑤指定相談支援事業者は，運営適正化委員会が行う調査やあっせんにできる限り協力しなければならない。

(3) 審査請求

市町村の介護給付費等に係る処分（障害程度区分，支給決定，利用者負担等）に不服がある障害者等は，都道府県知事に対して審査請求をすることができる（法97条）。

元来，行政処分に対する不服申し立ては，行政不服審査法に基づき処分庁である市町村へ異議申し立てが行われてきた。しかし，障害者自立支援法においては，都道府県知事は，審査請求の事件を取り扱わせるため，障害者介護給付費等不服審査会を置くことが可能である（法98条）。これは，国民健康保険の国民健康保険審査会や介護保険の介護保険審査会が都道府県に設置され審査を行っているのと同じである。

審査請求は，処分があったことを知った日の翌日から起算して60日以内に，文書または口頭でしなければならない。ただし，正当な理由により，この期間内に審査請求をすることができなかったことを証明したときは，この限りでない（法101条）。都道府県知事は，審査請求を受理したときは，最初に処分をした市町村及びその他の利害関係人に通知しなければならない（法102条）。

都道府県知事は，審理を行うため必要があると認めるときは，審査請求人若しくは関係人に対して報告若しくは意見を求め，その出頭を命じて審問し，または医師その他都道府県知事の指定する者に診断その他の調査をさせることができる（法103条）。

5 障害者自立支援制度の最近の動向

社会福祉基礎構造改革に基づき，サービス利用の内容を行政が決定するそれまでの措置制度を改め，2003年より，障害者の自己決定を尊重し利用者が自らサービスを選択し，事業者と直接契約する支援費支給制度が導入された。

しかし，支援費支給制度は，利用者のニーズや自己選択に応じてサービスが提供された結果，財源破綻と制度の破綻を招くこととなった。これを踏まえ，障害者自立支援制度においては財源不足の解消が最大の課題であった。

2006年に始まった障害者自立支援制度では，利用したサービスの1割負担が一律に課されるため，利用が多い重度の障害者ほど，経済的負担が増大することとなった。政府は，障害者の負担増により批判を浴びたことから，2009年9月9日の連立政権合意において，「障害者自立支援法」は廃止し，「制度の谷間」がなく，利用者の応能負担を基本とする総合的な制度をつくることとした。この新たな制度ができるまでの間，2010年度予算においては，低所

得(市町村民税非課税)の障害者および障害児につき,障害福祉サービスおよび補装具に係る利用者負担が無料となった。

2011年8月に,内閣府の障がい者制度改革推進会議総合福祉部会でまとめられた,障害者自立支援法に代わる新たな障害者総合福祉法案では,福祉サービスを利用する際の利用者負担を原則無償にすることが明記されている。ただし,高所得者については所得に応じた負担を求めることとしている。また,障害程度は区分せず,本人が求める支援をもとにサービス利用計画を策定し申請することや地域における自立した生活のための支援の充実も明記している。

障がい者制度改革推進会議総合福祉部会は障害者総合福祉法がめざすべき6つのポイントを以下のように整理している。① 障害のない市民との平等と公平(障害は誰にでも起こりうるという前提に立ち,障害があっても市民として尊重され,誇りをもって社会に参加するための平等性と公平性の確保),② 谷間や空白の解消(障害の種別間の谷間や制度間の空白の解消を図る),③ 格差の是正(障害者がどこに暮らしを築いても,一定の水準の支援を受けられるよう,地方自治体間の限度を超えるような,合理性を欠くような格差についての是正),④ 放置できない社会問題の解決(社会的入院等の早期解消のため,地域での支援体制を確立するとともに,効果的な地域移行プログラムの実施),⑤ 本人のニーズに合った支援サービス(個々の障害とニーズが尊重されるような新たな支援サービスの決定システムを開発。また,支援サービスを決定するときに,本人の希望や意思が表明でき,それが尊重される仕組みへの変換),⑥ 安定した予算の確保(OECD加盟国における平均並み[現行の約2倍の2兆2051億円]を確保すること)となっている。

厚生労働省は「障害者制度改革の推進のための基本的な方向(第一次意見)」で今後の障害者福祉の方向を示している。障害程度区分については,限りある国費を公平に分配するため,市町村に対する清算基準として機能しているとし,福祉的就労の在り方,障害児支援,虐待防止,自立支援医療の利用者負担の見直し等の制度改革の方向性を提示している。

このように制度の根幹をも左右するような変革が検討されている障害者自立支援制度に対して,今後の動向への注意が重要である。

参考文献

小澤温編『MINERVA社会福祉士養成テキストブック⑫ 障害者に対する支援と障害者自立支援制度』ミネルヴァ書房,2010年

厚生労働省『障害者自立支援法のサービスの利用について』2011年4月15日

『国民の福祉の動向2010/2011』厚生統計協会,Vol.57,No.11,2010年

社会福祉士養成講座編集委員会『新・社会福祉士養成講座14 障害者に対する支援と障害者自立支援制度―障害者福祉論 第二版』中央法規,2010年

『障害者自立支援法 事業者ハンドブック 指定基準編 2010年版―人員・設備・運営基準とその解釈』中央法規,2010年

『障害者自立支援六法（平成22年版）』中央法規，2010年
西村健一郎『社会保障入門』有斐閣，2008年

プロムナード

わが国の障害者と高齢者はそれぞれ障害者自立支援法と介護保険法でその医療や介護が分けられています。しかし，他の国の例をあげると，オランダでは対象となる人を年齢や性別等で分類することなく，個人のニーズに合わせて福祉サービスが提供されています。これはわが国の人口が1億2800万人なのと比べて，オランダの人口が1400万人と少なく，国民の意向が制度に反映されやすいためだといえます。また，合理的な考え方に優れている国民性もあり，財政的な問題を抱えているわが国において，今後見習うべき点の多い国といえます。

学びを深めるために

河野正輝・阿部和光・増田雅暢・倉田聡『社会福祉法入門（第2版）』有斐閣，2008年

具体的な事例を用いながら，福祉サービス利用のプロセスに沿って，日本の社会福祉制度の全体像，各法律の役割と仕組み，トラブルの法的解決方法を解説。サービス利用者の権利や利用手続がよく理解できる。

障害者福祉研究会『ICF 国際生活機能分類—国際障害分類改定版』2002年

2001年のWHO総会において採択されたICF（国際生活機能分類）により，人間の生活機能と障害を1500項目に分類している。ICFでは，心身機能の障害による生活機能の障害を分類するのではなく，活動や社会参加，環境因子に焦点を当てている。ICFを用いて障害や疾病の状態を表現することで，障害者のケアや社会参加の促進，社会的支援の推進が期待できる。

障害者自立支援制度と介護保険制度との関係について調べてみましょう。

福祉の仕事に関する案内書

バイステック，F.P.／尾崎新ほか訳『ケースワークの原則—援助関係を形成する技法』誠信書房，1996年

第6章

障害者自立支援法における組織および団体の役割

1 国・都道府県・市町村の役割

(1) 国と地方自治体の責務

　戦後の社会保障・社会福祉のひとつの出発点となったのは連合国軍最高司令官総司令部（GHQ）が日本政府に提示した「社会的救済」指令である。民間団体への優遇や救済責任の転嫁などは軍国主義への復活につながるとして、「無差別平等、国家責任による生活保障、救済費非制限、公私分離」の4原則に再構成された点で画期的なものであった。これらの理念は日本国憲法第25条の「国民の生存権、国の保障義務」へと集約され、わが国における社会福祉の在り方の基本的な根拠となった。こうしてわが国の社会福祉は戦前の慈善救済事業にかわり、国民の基本的人権である「生存権」を保障するために公的責任の側面が強い法体系の位置づけを得て、社会福祉の基礎構造が築かれてきた。

　この考え方は障害者福祉にも反映され、社会福祉基礎構造改革後の契約制度である障害者自立支援法第2条においても基本原則のひとつとなっている。そして2011年改正障害者基本法では第1条の「目的」が「障害者の自立及び社会参加の支援等のため」から「障害の有無にかかわらずすべての国民が共生する社会を実現するため」という内容に改正され、共生社会の実現、すなわち障害者も障害者でないものも等しく社会において対等のパートナーであるという位置づけを明確にした。そのことにより「障害者について正しい理解を深める」や「障害者の福祉の増進に協力する」という障害者を保護の客体ととらえるような記述が削除された。そのうえで第6条「国及び地方自治体の責務」においては、その目的の実現を図るために幸福追求権や住居の自由などの基本的人権を根拠に地域社会における共生等の基本原則にのっとり「障害者の自立及び社会参加の支援等のための施策を総合的かつ計画的に実施する責務を有する」と規定された。

　これは国及び地方自治体に対し「障害者福祉の増進」を包含するあらたな責務を推進しているといえよう。

(2) 障害者自立支援法における国・都道府県・市町村の責務

　障害者自立支援法が施行される以前は、サービス事業によって提供主体が都道府県と市町村とに分かれていた。しかし障害者基本法の基本理念にのっとり障害者自立支援法が施行された後、国及び地方公共団体は障害者等が自立した日常生活又は社会生活を営むことができるよう、必要なサービスの確保に努める（障害者自立支援法第2条4項）としたうえで、障害者にとって最も身近な自治体である市町村が第一義的なサービスを提供するものとして位置づけられた。

　市町村の障害者自立支援法における具体的な役割は以下のとおりである。

1) 市町村の責務

① 自立した日常生活又は社会生活を営むことができるよう，関係機関との連携のもと必要なサービス事業を総合的かつ計画的に行うこと（障害者自立支援法第2条1項1号）。

② 必要な情報の提供，相談，調査及び指導を行い，これらに付随する業務を行うこと（障害者自立支援法第2条1項2号）。

③ 意思疎通について支援が必要な人がサービスを円滑に利用できるようにすること。虐待の防止及びその早期発見のために関係機関と連絡調整を行うこと。権利擁護のために必要な援助を行うこと（障害者自立支援法第2条1項3号）。

そして都道府県の市町村を支援するための具体的な役割は以下のとおりである。

2) 都道府県の責務

① 市町村に対する必要な助言，情報提供その他の援助を行うこと（障害者自立支援法第2条2項1号）。

② 市町村と連携を図りつつ，必要な自立支援医療費の支給及び地域生活支援事業を総合的に行うこと（障害者自立支援法第2条2項2号）。ただし，自立支援医療のうち育成医療および精神通院医療については従前どおり都道府県がサービスの提供主体となっている。

③ 専門的な知識及び技術を必要とする相談及び指導を行うこと（障害者自立支援法第2条2項3号）。

④ 市町村と協力して権利擁護のための援助を行い，市町村が行う権利擁護のための援助が適正かつ円滑に行われるよう助言，情報提供その他の援助を行うこと（障害者自立支援法第2条2項3号）。

そして国の都道府県や市町村を支援するための具体的な役割は以下のとおりである。

3) 国の責務

国は，市町村及び都道府県が行う事業，その他この法律に基づく業務が適正かつ円滑に行われるよう，市町村及び都道府県に対する必要な援助，情報提供その他の援助を行わなければならない（障害者自立支援法第2条3項）。

このように障害者福祉の事業は最も身近な自治体である市町村法へと基盤を移しながら，国・都道府県・市町村がそれぞれ役割を果たし実施されている。障害者自立支援法の一部を改正する，いわゆる「つなぎ法」において強化された相談支援体制の都道府県と市町村の役割は図表6-1のとおりである。

> **つなぎ法**
> 正式には「障がい者制度改革推進本部等における検討を踏まえて障害保健福祉施策を見直すまでの間において障害者等の地域生活を支援するための関係法律の整備に関する法律」。

図表6-1 「障害者」の相談支援体系

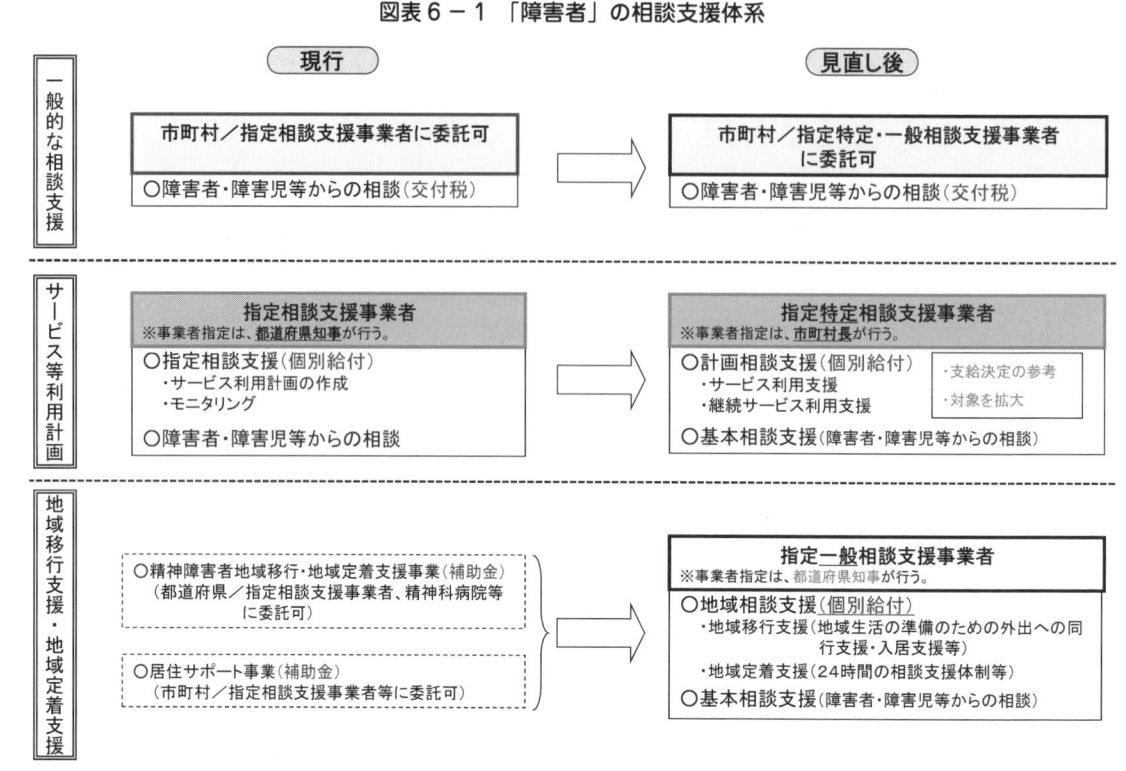

【現行】

一般的な相談支援
- 市町村／指定相談支援事業者に委託可
  - ○障害者・障害児等からの相談（交付税）

サービス等利用計画
- 指定相談支援事業者
  ※事業者指定は、都道府県知事が行う。
  - ○指定相談支援（個別給付）
    ・サービス利用計画の作成
    ・モニタリング
  - ○障害者・障害児等からの相談

地域移行支援・地域定着支援
- ○精神障害者地域移行・地域定着支援事業（補助金）
  （都道府県／指定相談支援事業者、精神科病院等に委託可）
- ○居住サポート事業（補助金）
  （市町村／指定相談支援事業者等に委託可）

【見直し後】

- 市町村／指定特定・一般相談支援事業者に委託可
  - ○障害者・障害児等からの相談（交付税）

- 指定特定相談支援事業者
  ※事業者指定は、市町村長が行う。
  - ○計画相談支援（個別給付）
    ・サービス利用支援
    ・継続サービス利用支援
    ・支給決定の参考
    ・対象を拡大
  - ○基本相談支援（障害者・障害児等からの相談）

- 指定一般相談支援事業者
  ※事業者指定は、都道府県知事が行う。
  - ○地域相談支援（個別給付）
    ・地域移行支援（地域生活の準備のための外出への同行支援・入居支援等）
    ・地域定着支援（24時間の相談支援体制等）
  - ○基本相談支援（障害者・障害児等からの相談）

資料）厚生労働省社会・援護局障害保健福祉部障害福祉課／地域移行・障害児支援室「障害保健福祉関係主管課長会議資料」2011年2月

（3）市町村の役割と実際

市町村の主な役割は以下のとおりである。

1） 障害者自立支援法におけるサービスの提供主体であり援護の実施者としての役割

① 支給決定等（障害者自立支援法第19, 52, 76条）

障害者自立支援法における自立支援給付（障害福祉サービスに係る介護給付費等，自立支援医療費等及び補装具費）の支給決定等は，原則として，申請者である障害者または障害児の保護者の居住地の市町村（居住地を有しない，または不明の場合は現在地の市町村）が行う（居住地原則ともいう）。支給決定の際には支給量を記載した障害福祉サービス受給者証を交付する。

この支給決定等を行う市町村が，自立支援給付の実施主体となる。ただし，自立支援医療のうち，従来の精神通院公費及び育成医療については，障害者又は障害児の保護者の居住地又は現在地の都道府県とされている（精神通院公費の申請先市町村については，市町村経由の申請扱いが可能とされている）。

② 支給決定等にともなう障害程度区分の認定（障害者自立支援法第21, 22条）

障害者等から申請があったときは，障害者の福祉サービスの必要性を総合的に判定するため，障害者の心身の状況や社会活動，居住等の状況，サービスの

利用意向等を把握して支給要否決定を行う。この場合おいて，市町村は調査を指定相談支援事業者等に委託することができる。

障害程度区分の認定にあたっては政令で定めるところの市町村審査会が行う審査および判定の結果に基づき行う。

③ 市町村地域生活支援事業の実施（障害者自立支援法第77条）

厚生労働省令で定めるところにより，市町村は地域生活支援事業を地域の特性や利用者の状況に応じた柔軟な形態の事業として実施する事ができる。大きく分けて市町村が必ず行わなければならない「必須事業」と市町村の判断で行うことができる「任意事業」がある。必須事業に関しては都道府県が代行することもできる。

（必須事業）
- 相談支援事業
    - → 市町村相談支援機能強化事業
    - → 住宅入居等支援事業（居住サポート事業）
    - → 成年後見制度利用支援事業
- コミュニケーション支援事業
- 日常生活用具給付等事業
- 移動支援事業
- 地域活動支援センター機能強化事業

（任意事業）
- その他の事業
    - → 福祉ホーム事業
    - → 盲人ホーム事業
    - → 訪問入浴サービス事業
    - → 身体障害者自立支援事業
    - → 重度障害者在宅就労促進特別事業（バーチャル工房支援事業）
    - → 更生訓練費・施設入所者就職支度金給付事業
    - → 知的障害者職親委託制度
    - → 生活支援事業
    - → 日中一時支援事業
    - → 生活サポート事業
    - → 社会参加促進事業

④ 市町村障害福祉計画の策定（障害者自立支援法第88条）

厚生労働大臣が定めた基本指針に即して，障害福祉サービス，相談支援及び地域生活支援事業の提供体系の確保に関する市町村障害者福祉計画を定める。そしてこの計画においては，障害者基本法による「市町村障害者計画」，社会福祉法による「市町村地域福祉計画」，その他の法律の規定による計画であっ

> **障害程度区分**
> 障害程度区分とは，障害者に対する介護給付の必要度を表す6段階の区分（区分1〜6：区分6の方が必要度が高い）です。介護給付の必要度に応じて適切なサービス利用ができるよう，導入された。
> 障害者の特性を踏まえた判定が行われるよう，介護保険の要介護認定調査項目（79項目）に，調理や買い物ができるかどうかなどのIADLに関する項目（7項目），多動やこだわりなど行動障害に関する項目（9項目），話がまとまらないなど精神面に関する項目（11項目）の計27項目を加えた106項目の調査を行い，市町村審査会での総合的な判定を踏まえて市町村が認定する。

て障害者等の福祉に関する事項を定めるものと調和が保たれたものでなければならないとされている。

市町村障害者福祉計画においては，次に掲げる事項を定めることとなっている。

- 各年度における指定障害福祉サービスまたは指定相談支援の種類ごとの必要量の見込み。
- 指定障害福祉サービスまたは指定相談支援の種類ごとの必要な見込量の確保のための方策。
- 地域生活支援事業の種類ごとの実施に関する事項。
- その他障害福祉サービス，相談支援および市町村の地域生活支援事業の提供体制の確保に関し必要な事項。

⑤ 支給決定障害者等および指定事業者に対する調査等（障害者自立支援法第8，9，10，12条）

偽り，その他不正の手段により自立支援給付を受けた者や指定障害福祉サービス事業者等，指定相談支援事業者，指定自立支援医療機関に対し給付相当の金額の徴収等をすることができる。また障害者等や障害福祉サービス，相談支援，自立支援医療もしくは補装具の販売修理を行う者に対し必要があると認めるときは，文書その他の物件の提出や提示を命じ当該職員に質問させることなどができる。

⑥ 相談支援と自立支援協議会（障害者自立支援法第77，88条）

障害者の地域における自立した生活を支援していくためには，関係機関や関係団体，障害福祉サービス事業者や医療・教育・雇用を含めた関係者が，地域の課題を共有し，地域の支援体制の整備について協議を行うことが重要である。しかし障害者自立支援法77条には法律上の位置づけがないことから市町村における自立支援協議会設置状況は2010年4月時点で85％にとどまっていた。そこで2011年障害者自立支援法改正により88条6項に「自立支援協議会を設置した都道府県および市町村は，障害福祉計画を定め，また変更しようとする場合，あらかじめ，自立支援協議会の意見を聞くよう努めなければならない」と地域における相談支援や権利擁護を推進するための自立支援協議会設置に関する法的根拠が加えられた。このことにより市町村は2011年以降の「第三期障害福祉計画」の作成においても自立支援協議会の意見を聞くよう努めなければならなくなっている。つまり市町村は自立支援協議会を設置しなければ市町村障害福祉計画が策定できなくなるという法的根拠を示したのである。

2） その他の法律における役割

① 措置規定

契約に基づく障害者自立支援法によるサービス提供にやむを得ない事由がある場合，身体障害者福祉法および知的障害者福祉法により市町村の措置によっ

て障害福祉サービスや障害者支援施設等への入所等のサービス提供ができる。
② 成年後見開始の審判請求

　成年後見制度の適切な利用において親族の協力等が得られない知的障害者および精神障害者のために，「知的障害者福祉法」，「精神保健及び精神障害者福祉に関する法律」に基づいて市町村長に後見開始の申し立てが認められている。

（4）都道府県の役割と実際

　都道府県の主な役割は以下のとおりである。

1）市町村を支援するための具体的な役割

① 自立支援給付・地域生活支援事業に対する支援（障害者自立支援法第17，26条）

　市町村が行う支給決定等やそれにともなう障害程度区分の認定から支給決定の変更や取り消しに関して市町村の求めに応じて身体障害者更生相談所等による技術的な協力や援助を行う。また市町村審査会を複数の市町村が共同設置する場合には求めに応じて市町村相互間の調整と技術的な助言等を担うこととなっている。さらに市町村の委託を受けて審査判定業務を行う都道府県に「都道府県審査会」を設置することとなっている。

② 自立支援医療の支給認定と補装具費の支給決定（障害者自立支援法第52，53，54，76条）

　自立支援医療の支給認定の申請は，育成医療又は精神通院医療に関しては，都道府県となっている。また補装具費の支給に当たって必要があると認めるときは，身体障害者更生相談所等は，補装具費の支給に係る補装具に関し，障害者等の身体に適合したものとなるよう，補装具の販売事業者又は修理事業者に対し，必要な助言及び指導を行うことができる。

③ 都道府県地域生活支援事業の実施（自立支援法第78条）

　厚生労働省令（障害者自立支援法施行規則）により主として居宅において日常生活を営む障害児に係る療育指導，発達障害者支援センターの設置運営その他特に専門性の高い相談支援事業，都道府県の区域内における相談支援の体制に関する協議を行うための会議の設置その他障害者等が自立した日常生活及び社会生活を営むために必要な事業であって広域的な対応が必要なものとなっている。さらに厚生労働省社会・援護局障害保健福祉部長通知（地域生活支援事業実施要綱）により専門性の高い相談支援事業及び広域的な対応が必要な事業を必須事業とし，サービス提供者等のための養成研修事業やその他都道府県の判断により，自立した日常生活又は社会生活を営むために必要な事業及び社会福祉法人等が行う同事業に対し補助する事業を行うことができるとされ，次のような事業が適用されている。

身体障害者更生相談所等
　身体障害者更生相談所等とは他に知的障害者更生相談所，精神保健福祉センター，児童相談所のことを指す。

支給認定と補装具費の支給
　自立支援医療費の支給認定と補装具費の支給に関し必要な事項は厚生労働省令（障害者自立支援法施行規則）で定めることになっている。

（必須事業）
- 専門性の高い相談支援事業
    → 発達障害者支援センター運営事業
    → 障害者就業・生活支援センター事業
    → 高次脳機能障害支援普及事業
- 広域的な支援事業
    → 都道府県相談支援体制整備事業

（任意事業）
- サービス・相談支援者，指導者育成事業
    → 障害程度区分認定調査員等研修事業
    → 相談支援従事者研修事業
    → サービス管理責任者研修事業
    → 居宅介護従事者等養成研修事業
    → 手話通訳者養成研修事業
    → 盲ろう者通訳・介助員養成研修事業
    → 身体障害者・知的障害者相談員活動強化事業
    → 音声機能障害者発声訓練指導者養成事業
- その他の事業
    → 福祉ホーム事業
    → 盲人ホーム事業
    → 重度障害者在宅就労促進特別事業（バーチャル工房支援事業）
    → 重度障害者に係る市町村特別支援事業
    → 生活訓練等事業
    → 情報支援等事業
    → 障害者IT総合推進事業
    → 社会参加促進事業

> **障害者就業・生活支援センター事業**
> そもそも障害者雇用促進法を根拠にする事業であるが就業支援は雇用安定等事業として労働局委託事業であり，生活支援は地域生活支援等事業として都道府県委託事業として運用されている。

④ 障害福祉サービス事業者等の指定（障害者自立支援法第36条）

指定自立支援医療機関の指定を受けようとする者は，指定申請を当該医療機関の所在地の都道府県知事に行うとされている。また指定障害福祉サービス事業者の指定を受けようとする者は，障害福祉サービスの種類および障害福祉サービス事業を行う事業所ごとに都道府県知事に申請することとなっている。

⑤ 都道府県障害福祉計画の策定（障害者自立支援法第89条）

厚生労働大臣が定める基本指針に即して，市町村障害福祉計画の達成のため広域的な見地から，障害福祉サービス，相談支援及び地域生活支援事業の確保に関する「都道府県障害福祉計画」を定める。そしてこの計画においては，入院している精神障害者の退院の促進に資する医療計画や障害者基本法による「都道府県障害者計画」，社会福祉法による「都道府県地域福祉計画」，その他

の法律の規定による計画であって障害者等の福祉に関する事項を定めるものと調和が保たれたものでなければならないとされている。

また計画を定め，または変更しようとするときは，あらかじめ「自立支援協議会」の意見を聞かなければならない。

⑥ 審査請求の審査および障害者介護給付費等不服審査会の設置（障害者自立支援法第97〜105条）

一般的には行政の違法行為または不当な処分などに関し，国民が行政上の行為の取消しやその他の是正を求める不服申し立ては行政不服審査法の下で公平に審査が行われる。だが障害者自立支援法においてその専門性から市町村の決定等に不服がある場合は都道府県知事に審査請求できるとされている。そして都道府県は「障害者介護給付費等不服審査会」を独自に設置し，審議に関して公正かつ中立な判断をすることとなっている。

2) 都道府県の組織

都道府県においては，知事の事務部局として保健福祉部などの部局が置かれ，これらの部局の下に福祉課などが設けられている。また知事の下に，社会福祉に関する専門の行政機関として「福祉事務所」，「身体障害者更生相談所」，「知的障害者更生相談所」，「児童相談所」などが置かれている。障害者自立支援法は最も身近な自治体である市町村が役割を担うこととなっているが，市町村業務を円滑に進められるために，都道府県が設置しているこれら専門機関による専門的助言や援助が行われる。

(5) 国の役割と実際

国の主な役割は以下のとおりである。

1) 都道府県や市町村を支援するための具体的な役割

① 支給決定やサービスの内容についての全国共通の基準を設定

障害者自立支援法はそれまでの措置制度から契約制度へと仕組みが大きく転換した。国はその障害福祉サービス提供の根幹といえる支給決定やサービス内容を全国共通の基準で行えるように定めている。

② 義務的経費の負担（障害者自立支援法第95条）

国は政令の定めるところにより，市町村地域生活支援事業と都道府県地域生活支援事業ならびに市町村が行う支給決定に係る事務処理に要する費用を除く事業に対して，市町村と都道府県が支弁する2分の1を義務的経費負担する。

市町村地域生活支援事業と都道府県地域生活支援事業ならびに市町村が行う支給決定に係る事務処理に要する費用に関しては国の予算の範囲内において裁量的経費補助ができることになっている。

③ 厚生労働大臣による基本指針の作成ならびに公表（障害者自立支援法第87条）

福祉事務所
社会福祉法に規定される「福祉に関する事務所」のこと（都道府県及び市は必置，町村は任意設置）。福祉六法に関する現業事務を掌る行政機関。なかでも生活保護制度については，保護の決定および実施に関する事務を保護の実施機関から委任されている。福祉事務所の組織に設置が義務づけられている社会福祉主事は，保護実施の補助機関として規定されている。

義務的経費
国や地方公共団体の歳出のうち，支出が法令などで義務付けられている経費。予算がないからといって行政判断で縮減できない性質の経費。

裁量的経費
国や地方公共団体の歳出のうち，政策によって柔軟に縮減できる裁量性の高い性質の経費。

厚生労働大臣は障害福祉サービス及び都道府県地域生活支援事業の提供体制を整備し，自立支援給付および地域生活支援事業の円滑な実施を確保するための基本的な指針を定めるものとしている。また基本指針を定め，または変更したときは速やかに公表しなければならない。

2） 国の組織

社会福祉に関する国の行政機関の中心は厚生労働省である。そのなかで厚生労働省社会・援護局に置かれる障害保健福祉部は障害者自立支援法，障害者基本法，身体障害者福祉法，特別児童扶養手当等の支給に関する法律，知的障害者福祉法，精神保健及び精神障害者福祉に関する法律などを所管・施行している。障害保健福祉部の所掌事務は図表6－2のとおりである。

図表6－2　厚生労働省　障害保健福祉部の所掌事務

障害保健福祉部		障害のある人もない人も，互いに支え合い，地域で生き生きと明るく豊かに暮らしていける社会を目指す「ノーマライゼーション」の理念に基づき，障害者の自立と社会参加の促進を担っている。2006年度より障害者自立支援法が施行され，障害者が地域で暮らせる社会を実現するために，総合的自立支援システムを構築し，障害者施策を推進している。 また，障害者の地域生活を支援するための各種事業の実施や，障害者スポーツや芸術文化の推進など，幅広い施策を行っている。
	企画課	・障害者計画，社会福祉法人等に関する認可に関すること。 ・特別児童扶養手当等の支給に関すること。 ・心身障害者扶養共済制度に関すること。 ・身体障害者手帳及び身体障害の認定に関すること。 ・障害者に係る調査研究の総括に関すること。
	自立支援振興室	・障害者の地域生活支援を図るための各種事業の実施に関すること。 ・障害者への情報提供及び情報の利用に関すること。 ・障害者スポーツ，芸術文化，補装具，福祉機器，身体障害者補助犬に関すること。
	施設管理室	・国立障害者リハビリテーションセンターに関すること。 ・独立行政法人国立重度知的障害者総合施設のぞみの園に関すること。
	障害福祉課	・身体障害者福祉法，知的障害者福祉法及び障害者自立支援法の施行に関すること。
	地域移行・障害児支援室	・障害者の相談・地域移行の支援に関すること。 ・障害児の保護・療育及び発達障害の支援に関すること。
	精神・障害保健課	・精神保健及び精神障害者福祉に関する法律及び精神保健福祉士法の施行に関すること。 ・自立支援医療に関すること。 ・障害者の保健の向上及び福祉の増進に関すること。 ・国民の精神的健康の増進に関すること。 ・障害程度区分に関すること。
	医療観察法医療体制整備推進室	・医療観察法に基づく医療体制整備等に関すること。

資料）電子政府の総合窓口イーガブをもとに作成

また社会福祉に関する厚生労働大臣の諮問機関として審議会がある。現在設けられている審議会は，「社会保障審議会」，「疾病・障害認定審査会」などがある。このほか，内閣に「中央障害者施策推進協議会」が設置されている。

2010年1月，障害者自立支援法違憲訴訟の原告団と国（厚生労働省）との間で，2013年8月までに新たな総合的な福祉法制を実施し，それまでの間，低所得者（市町村民税非課税）の利用者負担を無料とするなどの基本的合意文書が締結された。そうした状況下で政府は2009年12月に首相を本部長とする

「障がい者制度改革推進本部」を内閣に設置し，障害者施策に関する意見を求めるための各障害者団体の代表者を含む有識者による「障がい者制度改革推進会議」を開催し，検討を重ねている。

2　指定事業者等の役割

(1) 指定事業者等の責務

　指定事業者等とは障害者自立支援法第5条に定められている15種類の「障害福祉サービス」を提供しようとする事業者の申請に基づき都道府県知事等から指定を受けた事業者である「指定障害福祉サービス事業者」，「指定障害者支援施設等の設置者」に加え，地域生活支援事業における相談支援事業を行う「指定相談支援事業者」に分かれている。

　指定事業者等は障害者等の人格を尊重するとともに，忠実にその職務を遂行することや自立した日常生活または社会生活を営むことができるよう市町村や各関係機関との緊密な連携を図りつつ利用者の意向，適性，障害特性等の事情に応じ効果的に行うように努めなければならない。さらに指定事業者等が提供する障害福祉サービスまたは相談支援の質の評価を行うことにより質の向上に努めることなどが求められている。

(2) 指定障害福祉サービス事業者・指定障害者支援施設の役割とその基準

　指定事業者等は厚生労働省令で定められた従業員，設備，運営に関する基準に従いサービスを提供しなければならない。ここでは指定相談支援事業者を除く指定障害福祉サービス事業者・指定障害者支援施設の役割とその基準の主要なものについて整理する（指定障害者支援施設の基本方針等は第9章参照）。

1) 一般原則・基本方針

　利用者の意向，適性，障害の特性その他の事情を踏まえた個別支援計画を作成し，これに基づき障害福祉サービスを提供する。そしてその効果について継続的な評価を実施するなど提供するサービスの質の向上に努めなければならない。また利用者の立場に立ったサービスの提供や人権擁護，虐待防止等のため，責任者を設置するなどの体制を整備し職員に対して研修を実施するよう努めなければならない。

2) 従業員に関する基準

　障害者自立支援法第30条第1項第2号及び第43条の規定に基づき，厚生労働省令によって指定障害福祉サービスの事業の人員に関する基準が示されている。主な事項をまとめると次のとおりである。

> **指定事業者等に関する厚生労働省令**
> 　施設設備等を必要とする障害福祉サービス事業・地域活動センター及び福祉ホームの基準（障害者自立支援法第80条）は「障害者自立支援法に基づく障害福祉サービスの事業の設備及び運営に関する基準」で定めている。指定障害福祉サービス事業の基準（障害者自立支援法第30条，43条）に関しては「障害者自立支援法に基づく指定障害福祉サービスの事業等の人員，設備及び運営に関する基準」で定めている。

図表6-3 管理者および従業員に関する主な職種配置に関する基準

系	給付	事業	管理者	サービス管理責任者	サービス提供責任者	医師	看護職員	OT/PT	生活支援員	職業指導員	就労支援員	地域移行支援員	保育士／指導員	世話人	相談支援専門員
訪問系	介護給付	居宅介護 重度訪問介護 行動援護	■		■										
		重度包括支援	■		■										
日中活動系	介護給付	療養介護	注1)	■		■	■		■						
		生活介護	注2)	■			■	■	■						
		児童デイ	■	■					■				■		
	訓練等給付	自立訓練（機能）	■	■			■	■	■						
		自立訓練（生活）	■	■					■						
		就労移行	■	■					■	■	■				
		就労継続A・B	注2)	■					■	■					
居住系	介護給付	共同生活介護（CH）	■	■					■					■	
	訓練等給付	共同生活援助（GH）	■	■										■	
相談	地域生活支援事業	指定相談支援事業	■												■

注1) 療養介護事業所の管理者は医師でなければならない。
注2) 社会福祉法第19条1項各号のいずれかに該当するか若しくは社会福祉事業に2年以上従事したもの等でなければならない。
■ は各事業における配置すべき職種

3) 設備に関する基準

事業を行う事業所又は施設の配置，構造及び設備は，利用者の特性に応じて工夫され，かつ，日照，採光，換気等の利用者の保健衛生に関する事項及び防災について十分考慮されたものでなければならないとされている。

4) 運営に関する基準

事業の運営についての重要事項に関する運営規定を定めておかなければならない。主な事項は次のとおりである。

① 事業の目的及び運営の方針
② 職員の職種，員数及び職務の内容
③ 利用定員や営業日及び営業時間
④ 利用者から受領する費用の種類及びその額
⑤ サービス利用にあたっての留意事項
⑥ 緊急時等における対応方法
⑦ 非常災害対策
⑧ 事業の主たる対象とする障害の種類を定めた場合には当該障害の種類
⑨ 虐待の防止のための措置に関する事項
⑩ その他運営に関する重要事項

3 労働関係機関の役割

(1) 障害者の就労・生活支援の背景

わが国における就労と生活を併せもった支援は 1999 年に旧労働省と旧厚生省が連携を図り，就業面および生活面で障害者に対し一体的な支援を展開できる体制の整備，障害者の就業を支援する人材および諸機関の育成・強化を目的に「障害者就業・生活総合支援事業」を実施したことから始まる。その後，2001 年には障害者雇用の促進に関する法律のもと運用されていた「障害者雇用支援センター」と，知的障害者生活支援事業のもと社会福祉法人等に委託されていた「知的障害者生活支援センター」等が就労と生活の一体的支援の中核となる「障害者就業・生活支援センター」に衣替えし，地域に展開されてきた。現在国は障害者の雇用対策に対して障害者基本計画および重点施策実施 5 か年計画を基に障害者雇用対策基本方針を策定し，障害者が障害のない人と同様に，その能力と適性に応じた雇用の場に就くことができるような社会の実現をめざし図表 6 − 4 に示す総合的な雇用対策を推進している。あわせて障害者自立支援法の施行により障害者の一般雇用への移行による自立が推進され，また「(仮称) 障害者総合福祉法」の制定に向け障がい者制度改革推進会議の下で労働お

図表 6 − 4 障害者雇用対策の体系について

① 事業主に対する指導・援助

○障害者雇用率制度
　・法定雇用率
　　民間企業　＝　一般の民間企業　1.8％，特殊法人等 2.1％
　　国・地方　＝　2.1％ (一定の教育委員会　2.0％)
　・雇入れ計画作成命令等による雇用率達成指導の実施
○障害者雇用納付金制度等による事業主支援等
　・障害者雇用納付金・調整金による事業主負担の調整
　・障害者雇用のための施設・設備等の改善，介助者の配置，住宅・通勤に対する配慮，中途障害者の雇用継続等を行う事業主に対する助成
　・特定求職者雇用開発助成金による賃金助成
○障害者雇用に関するノウハウの提供
　・障害者雇用に関する好事例や雇用管理ノウハウの提供

② 障害者の特性を踏まえたきめ細かな職業リハビリテーションの実施

○公共職業安定所における障害者の態様に応じた職業相談・職業紹介，職場定着指導の実施
○障害者職業センターにおける職業評価等の専門的な職業リハビリテーションの実施 (独立行政法人高齢・障害者雇用支援機構が運営)
　・ジョブコーチによる職場適応のための人的支援の実施
○多様かつ効果的な障害者職業能力開発の推進
○身近な地域における就業・生活支援の一体的推進
○医療，福祉等の関係機関との連携強化

③ 障害者雇用に関する啓発

○試行雇用による事業主の障害者雇用のきっかけ作りの推進
○障害者雇用促進運動の実施
○障害者団体と連携した広報啓発活動の実施

(障害者基本計画・重点施策実施 5 か年計画／障害者雇用対策基本方針／総合的な障害者雇用対策の推進)

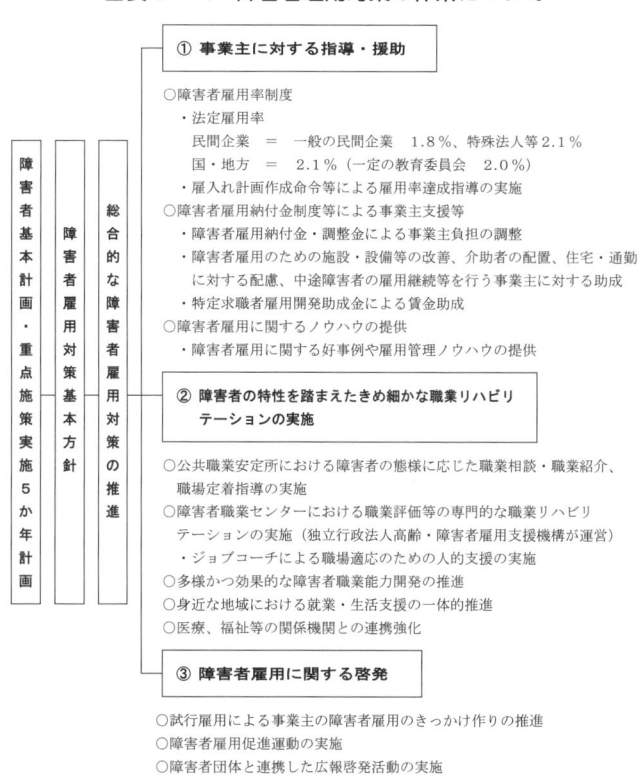

出所) 厚生労働省「障害者雇用対策の概要」
http://www.mhlw.go.jp/bunya/koyou/shougaisha02/pdf/02.pdf

障害者雇用率制度
身体障害者及び知的障害者について，一般労働者と同じ水準において常用労働者となり得る機会を与えることとし，常用労働者の数に対する割合（障害者雇用率）を設定し，事業主等に障害者雇用率達成義務を課すことにより，それを保障するもの。

よび雇用についての作業チームが医療・福祉・教育・労働等の多様機関との連携を視座に置いた支援の充実も図られている。こうしたなか，障害者の就労意欲の高まりとともに障害者の雇用人数は2004年以降上昇し，2011年6月時点では民間企業雇用障害者数36万6,199人，実雇用率は全体で1.65％。2010年7月に制度改正が行われたため一概には比較できないが2010年までは1.68％と過去最高となっている。しかし法定雇用率1.8％には達しておらず，法定雇用率を満たしている企業割合は全体の45.3％と半数以下であるなど，引き続き障

図表6-5　障害者の職業リハビリ

	法律	制度（事業）
1	職業安定法	職業紹介・職業指導
2	雇用保険法 雇用保険2事業 　62条雇用安定事業 　63条能力開発事業 失業給付（訓練生） （雇用福祉事業 2007年廃止）	特定求職者雇用開発助成金 障害者トライアル雇用 精神障害者ステップアップ雇用 職場適応訓練制度（事業主） 職場適応訓練制度（訓練生） 雇用促進住宅　独立行政法人　雇用・能力開発機構にて2007年に2021年度までに地方
3	職業能力開発促進法	公共職業訓練（経費は雇用保険法の能力開発事業） （公共職業能力開発施設　5施設） 　①　職業能力開発総合大学校 　②　（ポリテクカレッジ） 　職業能力開発大学校 　職業能力開発短期大学校 　職業能力開発大学校付属短期大学校 　③　（ポリテクセンター） 　職業能力開発促進センター 　④　職業能力開発校 　⑤　障害者職業能力開発校 　　　　　　　↓ 　　　　　障害者委託訓練事業 （公的な職業訓練施設） 　障害者職業能力開発訓練施設
4	障害者の雇用の促進等に関する法律	障害者職業センター 　障害者職業総合センター（1か所） 　広域障害者職業センター（2か所） 　地域障害者職業センター（各都道府県に設置） 　　①職業評価 　　②職業指導 　　③知的障害者判定・重度知的障害者判定 　　④職業準備支援 　　⑤職場適応従事者支援事業 　　⑥精神障害者総合雇用支援（リワーク支援） 障害者就業・生活支援センター
5	障害者自立支援法 （知的障害者福祉法16条3項）	就労移行支援事業 就労継続支援事業（A型・B型） 職親制度（知的障害）　障害者自立支援法77条（地域生活支援事業）

参考　職親制度（精神障害者社会適応訓練事業）精神保健福祉法50条

参考）独立行政法人の他に各都道府県に名称は多少違いがあるが財団法人障害者雇用促進協会と財団法人雇用開発協会があり2007年統合
各都道府県において高年齢者および障害者の雇用管理に関する諸問題，ならびに若年労働力の確保対策を円滑に進めるための各種事

3. 労働関係機関の役割

害者雇用の充実・強化が必要であるといえよう。そこで政府は「新成長戦略～『元気な日本』復活のシナリオ」(2010 年 6 月閣議決定)における雇用・人材戦略において，2020 年までに障害者雇用率を 1.8% とするなどの障害者の就業力向上のための政策目標を制定しさらなる障害者雇用促進に取り組んでいる。

ここからは障害者の労働施策等に関係する役割を「職業安定所(ハローワーク)」，「障害者職業能力開発校」，「障害者職業センター」，「障害者就業・生活支援センター」を中心に概説していく(図表 6 - 5)。

テーションの実施体制の概略一覧

実施主体	専門職	
国(公共職業安定所:ハローワーク) 549 か所	職業指導官 雇用指導官 障害者専門支援員 職業相談員(求人開拓担当) 障害者就労支援コーディネーター	就職促進指導官 職業相談員(障害者職業担当) 精神障害者就職サポーター 手話協力員
国(ハローワーク)		
(注)能力開発事業として独立行政法人　雇用・能力開発機構が運営していた「私のしごと館」は 2010 年 3 月に営業終了。公共団体や民間等への譲渡等を完了させることとされた。2011 年「独立行政法人　高齢・障害・求職者雇用支援機構」となり事業移管。		
独立行政法人　雇用・能力開発機構 (2011 年 3 月　職員約 3600 人) ↓ 2011 年 10 月に「独立行政法人　高齢・障害者雇用支援機構」と統合し「独立行政法人　高齢・障害・求職者雇用支援機構」となり事業移管	職業訓練指導員	
都道府県(市は任意) 国立 2 校　吉備高原障害者職業能力開発校と中央障害者職業能力開発校(国立職業リハビリテーションセンター:独立行政法人　高齢・障害者雇用支援機構運営) 国立県営 11 校 県立県営 6 校		
(都道府県へ委託)	障害者雇用職業訓練コーディネーター	
民間　20 校		
独立行政法人　高齢・障害者雇用支援機構 ↓ 2011 年 10 月に「独立行政法人　雇用・能力開発機構」と統合し「独立行政法人　高齢・障害・求職者雇用支援機構」となる。	障害者職業カウンセラー 評価アシスタント(職業準備支援の職業評価補助及び作業支援等) 職場適応援助者(配置型) →職場適応援助者助成金制度(1 号[社福]・2 号[企業]) リワークアシスタント	
都道府県指定の社会福祉法人・特定非営利法人(NPO)等	就労支援担当者 生活支援担当者	
都道府県指定の社会福祉法人・NPO 法人・株式会社等		
市町村　社会福祉事務所		
保健所		

した。統合後は「社団法人　雇用開発協会」または「財団法人　雇用開発協会」となっている。
業を関係行政機関と連携して行うことにより，都道府県民の福祉の向上に寄与することを目的としている。

(2) 公共職業安定所（ハローワーク）の役割

職業安定法に基づき職業紹介，職業指導，雇用保険等に関する必要な業務を行い，無料で公共に奉仕する機関である。公共職業安定所（ハローワーク）における障害者への就労支援では次の役割を担っている。

① 職業相談・職業紹介

就職を希望する障害者の求人登録を行うとともに，専門職員による一人ひとりに合わせた障害態様や適性，そして希望職種に応じて職業相談，職業紹介，職場適応指導を行っている。特に職業相談・職業紹介にあたっては，公共職業訓練のあっせん，トライアル雇用，ジョブコーチ支援，就職面接会等の各種支援策も活用することとなっている。また障害者を雇用している事業主や雇い入れようと考えている事業主に対しては雇用管理上の配慮等の助言を行い，必要に応じて地域障害者職業センター等の専門機関の紹介や各種助成金の案内も行っている。

② 障害者向け求人の確保

障害者向けの求人の開拓を行っている。また，一般求人として受理したもののうちから障害者に適した求人については事業主に対して障害者求人への転換を勧め，求人の確保に努めている。

③ 障害者雇用率達成の指導

事業主は障害者の雇用の促進等に関する法律で定められた障害者雇用率を達成する義務がある。それにともなって毎年事業主から雇用状況報告を求め，雇用率未達成の事業主に対し指導を行う。

特に障害者雇用率が低い事業主に対しては公共職業安定所長名による「障害者雇入れ計画の作成命令」や同計画の「適正実施勧告」等を発出し指導を行う。

④ 障害者雇用率達成指導と結び付けた職業紹介

事業主に対して雇用率達成指導を行うなかで，公共職業安定所に設置されている「職業紹介部門」と「事業主指導部門」が連携して雇用率未達成企業からの求人開拓や未達成企業への職業紹介を行う。

⑤ 関係機関との連携

より一層，障害者一人ひとりにその有する能力に合った職業に就く機会を与え，職業の安定を図るとともに経済及び社会の発展に繋がるために，地域障害者職業センターにおける職業リハビリテーションや障害者就業・生活支援センターにおける生活面を含めた支援など関係機関と連携した就職支援を行う。

(3) 障害者職業能力開発校の役割

職業能力開発促進法（第15条）に基づき公共職業訓練施設として公共職業能力開発校が5施設設置されている。そのひとつである障害者職業能力開発校は職業訓練を受けることが困難な障害者等に対してその能力に適応した訓練科

トライアル雇用
障害者雇用の経験が乏しい事業主や雇用就労経験の少ない障害者の抱える不安を軽減し雇用につなげるため，事業主が障害者を短期（3か月程度）の試行雇用（トライアル雇用）の形で受け入れることにより，障害者雇用のきっかけをつくり，一般雇用への移行を促進することを目指す雇用事業。

ジョブコーチ支援
知的障害者，精神障害者等の職場適応を容易にするため，職場にジョブコーチを派遣し，きめ細かな人的支援を行う。
地域障害者職業センターに配置されるジョブコーチと就労支援ノウハウを有する社会福祉法人等や事業主に配置されるジョブコーチの2種類がある。

就職面接会
求人者（事業主）と求職者（障害者）が一堂に会して行われる面接会。

公共職業能力開発校
公共職業能力開発施設には①職業能力開発総合大学校，②職業能力開発大学校等（ポリテクカレッジ），③職業能力開発促進センター（ポリテクセンター），④職業能力開発校，⑤障害者職業能力開発校の5施設がある。①〜③の実施主体は2011年10月に「独立行政法人　雇用・能力開発機構」と「独立行政法人　高齢・障害者雇用支援機構」が統合し「独立行政法人　高齢・障害・求職者雇用支援機構」として事業移管される。

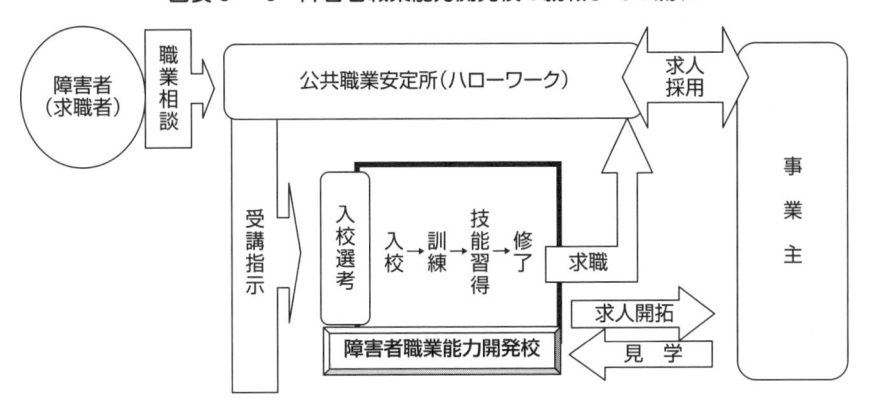

図表 6－6　障害者職業能力開発校の就職までの流れ

目・訓練方法等に特別の配慮を加えつつ，普通職業訓練又は高度職業訓練を行うための施設となっている。障害者職業能力開発校を利用する求職者の就職までの流れは ① 公共職業安定所（ハローワーク）から訓練の受講指示を受ける，② 入学選考試験を受け合格する，③ 訓練生として技能を習得する，④ 求職，⑤ 採用となっている。概略は上の図表 6－6 のとおりである。

障害者職業能力開発校は 2011 年現在国立 2 校・国立県営 11 校・県立県営 6 校の計 19 校が運営されている。

(4) 障害者職業センターの役割

障害者職業センターは，障害者の雇用の促進等に関する法律（第 19 条～26 条）において専門的な職業リハビリテーションを実施するとともに，地域の関係機関に対して職業リハビリテーションに関する助言・援助等を行う機関として位置づけられている。実施主体は独立行政法人高齢・障害・求職者雇用支援機構が担い，障害者職業総合センター（1 か所），広域障害者職業センター（2 か所），地域障害者職業センター（各都道府県 1 か所，5 支所）の 3 つがある。

障害者職業総合センターは職業リハビリテーション関係施設の中核的機関として，広域・地域障害者職業センターに対する指導・援助を行う。また職業リハビリテーションに関する研究開発を進めるとともに，職業リハビリテーションに関わる人材の育成等を実施している。

広域障害者職業センターは隣接する医療リハビリテーションセンターと併設の障害者職業能力開発校との連携を取りながら，職業的重度障害者（精神障害者や発達障害者を含む）の職業評価，職業指導および職業訓練を系統的に実施している。

地域障害者職業センターはどの地域においても適切な職業リハビリテーションを受けられる各都道府県に設置されている。他の機関では支援が困難な障害者に対する職業リハビリテーションサービスを重点的に実施している。具体

には，障害者への職業評価，職業指導，職業準備訓練および職場適応援助等とともに，事業主に対しての雇用管理上の課題分析や雇用管理に関する助言等を専門職である障害者職業カウンセラーが中心となって行っている。

(5) 障害者就業・生活支援センターの役割

障害者就業・生活支援センターは，障害者の雇用の促進等に関する法律（第33～36条）で定められ，身近な地域において就職を希望している，もしくは在職中の障害者の抱える課題に応じて，雇用・保健福祉・教育等関係機関との連携の下，就業支援担当者と生活支援担当者が協力して，就業面および生活面の一体的な相談支援を行っている。

実施主体は都道府県知事に認可を受けた社会福祉法人または特定非営利活動法人（NPO）等の法人が主に担っている。2011年度までに障害保健福祉圏域400か所の設置目標とされているが2011年4月現在300か所の設置となっている。

障害者就業・生活支援センターでの具体的業務の内容は次のとおりである。

＜就業面での支援＞
○就業に関する支援
・就職に向けた相談支援
・就職に向けた準備支援（職場実習または職業準備訓練のあっせん等）
・就職活動の支援（ハローワークへの同行等）
・職場定着に向けた支援（職場訪問による適応状況の把握等）
○障害のある方それぞれの障害特性を踏まえた雇用管理についての事業所に対する助言
○関係機関との連絡調整

＜生活面での支援＞
○日常生活・地域生活に関する支援
・生活習慣の形成，健康管理，金銭管理等の日常生活の自己管理に関する助言
・住居，年金，余暇活動など地域生活，生活設計に関する助言
○関係機関との連絡調整

> **障害保健福祉圏域**
> 障害福祉施策を進めるにあたって，単独の市町村では対応が困難な事業などを複数の市町村が連携を図りながら，地域のニーズに対応したサービスを提供していくための区域として定めたもので，全国に400か所程度あるとされる。

4 教育機関の役割

(1) 教育機関における特別支援教育の背景

障害のある児童生徒をめぐる最近の教育動向として，障害の重度・重複化や多様化，学習障害（LD），注意欠陥多動性障害（ADHD）等の児童生徒への対応や，早期からの教育的対応に関する要望の高まり，高等部への進学率の上昇，

卒業後の進路の多様化，などが進んでいる。

　2002年に文部科学省が実施した「通常の学級に在籍する特別な教育的支援を必要とする児童生徒に関する全国実態調査」の結果では，LD・ADHD・高機能自閉症等の児童生徒が約6％程度の割合で通常の学級に在籍している可能性を示され，学校としての学習面や行動面でいちじるしい困難を示す児童生徒が40人学級で2〜3人，30人学級では1〜2人在籍している可能性があり，特別な教育および支援を必要とする児童生徒がどの学級にも存在している可能性があるという課題が明らかとなった（21ページ，図表2－2）。

　こうしたなか，小・中学校において通常の学級に在籍するLD・ADHD・高機能自閉症等の児童生徒に，①特別支援学級設置数の増加（1985年に約22,000学級であったのが2006年には約36,000学級にまで増加），②2002年度からの認定就学者制度の開始，③2006年度より通級による指導の対象障害種にLD，ADHDを加えたことなどにより，養護学校や特殊学級に在籍している障害のある児童生徒の受け入れ機会が増加し，その教育的支援を進めてきた。

　そして2006年6月に「特別支援教育」が法的に位置づけられた学校教育法の改正が行われ，2007年4月から施行された（図表6－7）。この改正では，従来の盲・聾・養護学校は複数の障害種別を受け入れることができる特別支援学校の制度に転換され，また小中学校等においても特別支援教育を推進することが法律上明確に規定されたのである。

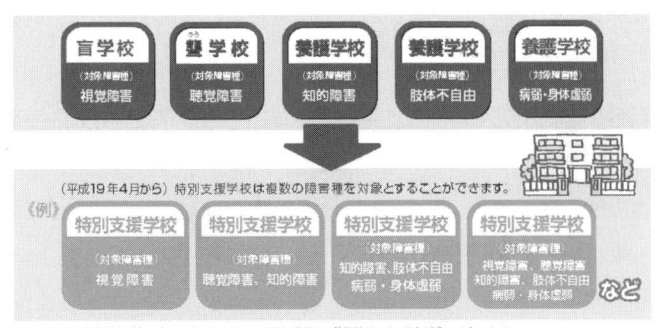

図表6－7　特別支援学校制度への転換

出所）文部科学省初等中等教育局特別支援教育課作成　標記パンフレット

（2）特別支援教育を行うための体制整備と必要な取り組み

　文部科学省は2007年学校教育法改正の施行にともない「特別支援教育の推進について（19文科初第125号）の通知で，「特別支援教育は，障害のある幼児児童生徒の自立や社会参加に向けた主体的な取組を支援するという視点に立ち，幼児児童生徒一人一人の教育的ニーズを把握し，その持てる力を高め，生活や学習上の困難を改善又は克服するため，適切な指導及び必要な支援を行うもの

である。また特別支援教育は，これまでの特殊教育の対象の障害だけでなく，知的な遅れのない発達障害も含めて，特別な支援を必要とする幼児児童生徒が在籍する全ての学校において実施されるものである。さらに，特別支援教育は，障害のある幼児児童生徒への教育にとどまらず，障害の有無やその他の個々の違いを認識しつつさまざまな人びとが生き生きと活躍できる共生社会の形成の基礎となるものであり，我が国の現在及び将来の社会にとって重要な意味を持っている」とその理念を説明し，具体的な特別支援教育を行うための体制整備と必要な取り組みを示している。福祉機関等との連携に関わる項目は以下のとおりである。

1) 特別支援コーディネーターの配置

各学校長は，特別支援教育のコーディネーター的な役割を担う教員を「特別支援教育コーディネーター」として指名し明確に校内での位置づけ，校内・他校・関係諸機関との連絡調整や保護者からの相談窓口として組織的役割を担わせるよう努めなければならない。

2) 関係機関との連携を図った「個別の教育支援計画」策定と活用

特別支援学校においては，長期的な視点に立ち卒業後までの一貫した教育的支援を行うために，医療・福祉・労働等の側面からの取り組みを含めた「個別の教育支援計画」を活用し関係機関との連携を図った効果的な支援を進めなければならない。

3) 特別支援学校における特別支援教育のセンター的機能

特別支援学校において指名された特別支援教育コーディネーターは，関係機関や保護者，他の教育機関との連絡調整を行わなければならない。

(3) 障害者福祉施策及び特別支援教育施策との連携における役割

同年厚生労働省は 2007 年学校教育法改正や障害者雇用促進法改正，障害者自立支援法の施行にともない，福祉的就労から一般雇用への移行の促進など雇用・福祉・教育の一層の連携強化を図るため「福祉施設，特別支援学校における一般雇用に関する理解の促進等，障害者福祉施策及び特別支援教育施策との連携の一層の強化について（2007 年 4 月 2 日付職高発第 0402003 号）」，いわゆる「改正連携通達」を示している。主な内容は以下のとおりである。

1) 障害者就労支援基盤整備事業

福祉施設や特別支援学校に対して，一般雇用や雇用支援策に関する理解の促進と，就労支援の取り組みの強化を働きかけるとともに，特別支援学校の生徒やその親に対して，障害者雇用に実績のある企業関係者等の取り組み事例を活用して学校在学中から一般雇用や雇用支援策に関する理解の促進を図る。

2) 地域障害者就労支援事業

福祉施設の利用者や特別支援学校卒業（予定）者の雇用への移行促進のため

図表 6 − 8　障害者就労支援基盤整備事業

特別支援学校の生徒とその親の，一般雇用や雇用支援策に関する理解の促進
〜「障害者就労支援基盤整備事業」の拡充〜

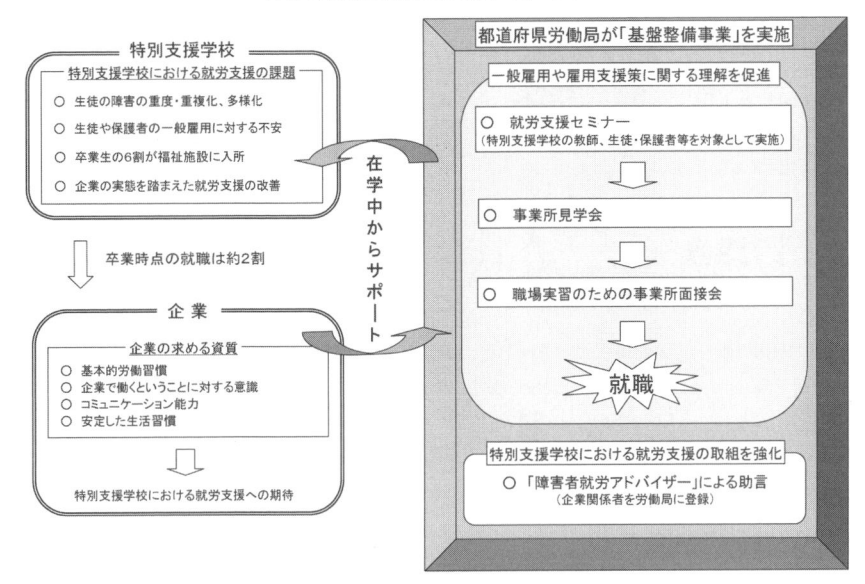

出所）厚生労働省「障害者雇用対策の概要　福祉，教育等との連携による就労支援」
　　　http://www.mhlw.go.jp/bunya/koyou/shougaisha02/pdf/33.pdf

に，ハローワークが中心となって体制整備している「障害者就労支援チーム」に加わり，個別支援を関係機関と連携して障害者が適切な就労支援サービスを選択できるよう相談や援助を行う。

3)　個別支援を着実につなぐための，福祉施設，特別支援学校等との連携強化

　就職を希望する生徒に対する就職支援を効果的に推進するため，特別支援学校が行う「個別の教育支援計画」の策定段階から，ハローワークをはじめ，地域障害者職業センター，障害者就業・生活支援センター等の労働関係機関が参加・協力した取り組みを推進できるよう，地域の関係機関を含めた支援体制の構築と一層緊密な連携の確保に努める。

　また，2010年12月障害者自立支援法等の改正により，支給決定プロセスの見直しが図られることにともない，支給決定前のサービス等利用計画案の作成およびサービス等利用計画対象者の拡大および障害児に係る障害児支援計画の作成がなされることとなった。そこでさらなる特別支援学校等と就労支援事業所との連携強化を図るために「就労系事業利用にむけたアセスメント実施連携事業」を活用し，特別支援学校等との連携によるアセスメント実施に向けた体制づくりへの助成もされるようになってきている。

図表6-9　特別支援教育の推進と地域の関係機関との連携

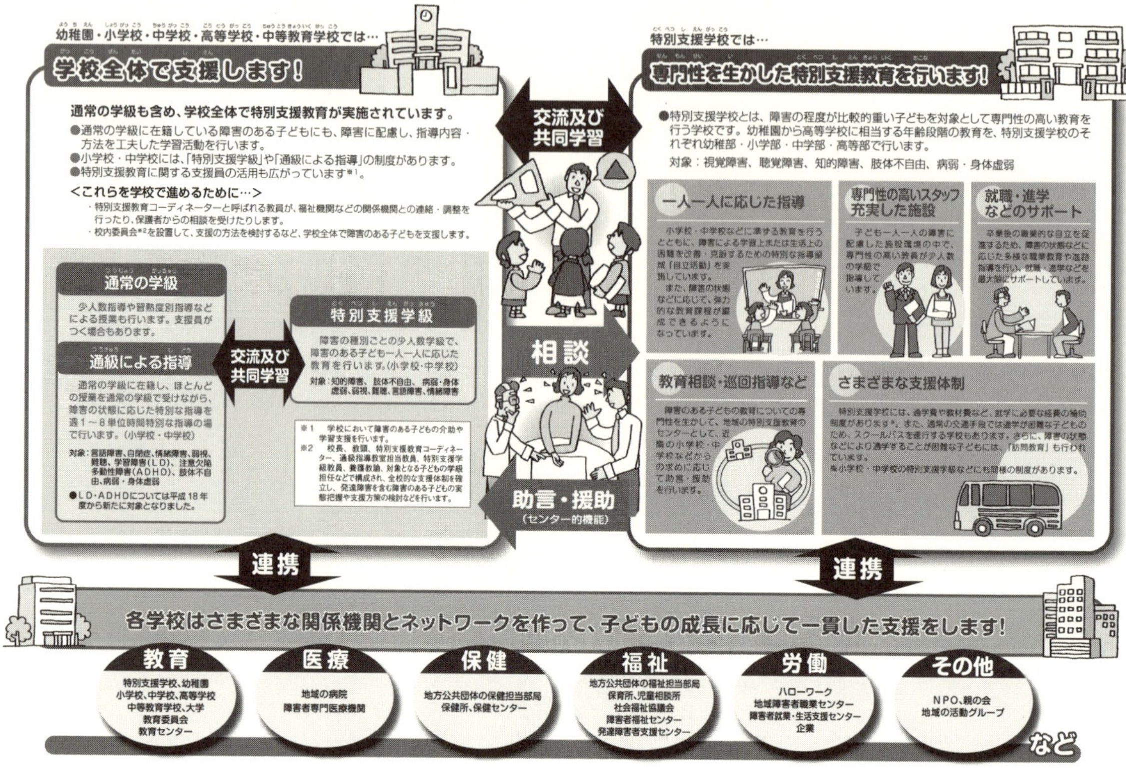

出所）文部科学省初等中等教育局特別支援教育課作成　標記パンフレット

5　障害者自立支援制度における公私の役割分担

（1）公私の役割の変化

　わが国は戦後60有余年の間に，社会福祉制度は，多様な広がりと変化をみせてきた。特に福祉サービスのあり方をみると，急速な少子高齢化の進展にともなう，地域福祉の推進の政策的課題に対応するために全体として，①福祉サービスの一般化・普遍化，②利用者本位の仕組みとサービスの質の向上，③市町村中心の仕組み，④在宅サービスの充実と施設サービスの量的拡大，⑤サービス供給体制の多元化，⑥保健・医療・福祉の連携の強化とサービスの総合化という方向で変化してきている。

　そのなかでも1990（平成2）年の社会福祉事業法改正時には，福祉サービスの実施主体を「国，地方公共団体，社会福祉法人その他社会福祉事業を経営する者」と限定し，社会福祉事業を中心に経営主体が考えられていたのに対し，2000（平成12）年の社会福祉法では事業者を国や地方公共団体および社会福祉法人とそれ以外の主体とに区別せず，「社会福祉を目的とする事業を経営するもの」と広く定義をし，新しく多くの主体を導入していることからも具体的変化が見て取れる。

さらに障害者福祉については，その対象となる障害者の範囲の拡大，福祉サービスの種類および量的拡大，社会参加の推進，自立支援という方向で，施策の拡充が図られてきた。生活支援という面だけではなく，障害者の自立と社会参加を促進するという点に力が注がれてきたということは，児童福祉や高齢者福祉とは異なる側面をもっていることからも，さらなる社会福祉事業の規模の拡大とともに，社会福祉法人のみならず，多様な事業主体が福祉サービス分野に参入しつつあり，サービスの量的拡大と健全な競争を通じたサービス内容の質的向上が期待されよう。

(2) 指定障害福祉サービス事業者の経営主体の変化

障害者自立支援法が施行された2006年からの経営主体の推移について「社会福祉施設等調査」から見てみると，指定障害福祉サービス事業者数は着実にその数を伸ばし，量的拡大が進んでいるなか，「営利法人」・「特定非営利活動法人」を経営主体とする事業者の増加率が高くなってきている。特に増加率が高いのは居宅介護事業等の「訪問系サービス」で，事業所全体に占める割合もおおよそ5割以上に増加している（図表6－10）。

こうした経営主体の推移から訪問系サービスを中心に，営利法人のみならず多様な事業主体がサー福祉サービス分野に着実に参入しつつあるといえよう。

(3) 新しい公共サービスの課題

障害者自立支援制度における公私の役割分担はこれまでのような「国や地方自治体」が措置制度によって「公的役割」をすべて担うのではなくなったと同時に，「民間非営利組織や営利企業」も単なる委託先であることから「公的役割」に近づくなかでその役割が求められるようになってきている。

また公の施設を株式会社をはじめ営利団体，財団法人，NPO法人などに包括的に代行させることができる制度として「指定管理者制度」を2003（平成15）年施行の地方自治法改正により事実上，他の主体に管理運営を委任することが可能にもなってきている。

しかし民間委託のための手続きが，委託先の組織にひたすら委託費や給付費削減または事業収入増加を迫るならば，どのような組織であれ「公」の立場での経営を続けることは困難になる。新聞報道などで一部事業者にみられるような障害者自立支援制度上の仕組みによって，かえって危機管理や権利擁護に対する注意が散漫となり，全体利益を阻害しかねない状態が起きていることは，今後の障害者福祉サービス関わる課題であるといえよう。

> **指定管理者制度**
> 公の施設の管理について，適正かつ効果的な運用を図ることを目的に，地方公共団体の出資法人等に限定して委託していた管理委託制度を廃止し，地方公共団体が指定する民間事業者等に管理を代行させる制度。

図表6－10　年度別　事業の種類別にみた経営主体別事業所の構成割合の推移

(2010年10月1日現在)

事業名		事業所数	総数	国	地方公共団体	社会福祉協議会	1) 社会福祉法人	医療法人	公益法人	協同組合	営利法人	特定非営利活動法人	その他
居宅介護事業	2010	12,638	100	－	0.6	13	15.4	3.9	0.9	2	53.9	9.6	0.7
	2008	11,630	100	－	0.7	14	16.7	4.3	1.1	2	51.6	8.7	0.7
	2006	11,672	100	－	1.3	15.8	17	4.4	1.4	2	47.2	8	2.8
重度訪問介護事業	2010	11,169	100	－	0.5	12.8	15	3.7	1	2	55.1	9.3	0.6
	2008	10,449	100	－	0.6	13.9	16.3	4.1	1.1	2	52.8	8.5	0.7
行動援護事業	2010	1,439	100	－	0.7	16.2	31.1	2	0.4	1.1	30.2	17.9	0.3
	2008	1,265	100	－	1	18.9	33.7	1.7	0.7	0.9	26.9	15.6	0.6
	2006	282	100	－	1.1	13.5	50.4	1.1	－	－	14.9	18.4	0.7
療養介護事業	2010	32	100	84.4	－	－	9.4	－	－	3.1	3.1	－	－
	2008	24	100	87.5	－	－	8.3	－	－	4.2	－	－	－
生活介護事業	2010	2,537	100	－	4.5	5.9	71	1	0.2	0.3	6	10.8	0.2
	2008	1,922	100	－	4.3	7.5	73.6	1.4	0.4	0.3	4.9	7.4	0.2
児童デイサービス事業	2010	1,316	100	0.1	23.9	5.7	33.4	2.1	0.2	0.1	10.6	22.9	1.1
	2008	1,137	100	－	27.8	6.1	34.6	1.9	0.2	0.1	9.1	18.9	1.3
	2006	1,092	100	0.1	30.1	5.8	32.2	1.4	0.3	0.1	9.2	18.4	2.3
短期入所事業	2010	3,487	100	1.7	5.5	0.5	83.6	4.2	0.6	0.1	1.1	2.3	0.3
	2008	3,475	100	1.7	5.5	0.7	84.7	4.2	0.7	0	0.7	1.6	0.1
	2006	3,849	100	1.6	5.7	0.8	86.8	2.9	0.5	0.1	0.3	1.1	0.2
重度障害者等包括支援事業	2010	45	100	－	2.2	4.4	55.6	2.2	－	－	22.2	13.3	－
	2008	46	100	－	2.2	8.7	52.2	2.2	－	－	21.7	13	－
相談支援事業	2010	2,397	100	0	2.2	9.3	60.1	8.1	2	0.3	5.3	12.3	0.4
	2008	2,150	100	0	2.2	9.2	61.2	8.7	2.2	0.3	5	10.8	0.2
共同生活介護事業	2010	2,731	100	0	0.5	0.5	74.7	4.4	0.3	－	1.4	17.9	0.2
	2008	2,308	100	0	0.8	0.7	77.3	4.5	0.3	－	1.3	14.8	0.3
共同生活援助事業	2010	3,296	100	－	0.8	0.5	63.1	13.3	1.6	－	1.7	18.5	0.4
	2008	2,933	100	－	0.9	0.8	65.7	13.8	1.6	0	1.4	15.5	0.2
	2006	5,745	100	－	1.2	1	79.7	7.7	1.4	0	0.3	8.5	0.2
自立訓練(機能訓練)事業	2010	216	100	－	9.7	17.1	47.2	3.2	－	0.5	15.3	6	0.9
	2008	223	100	－	8.5	17.5	54.3	4	0.4	－	8.5	6.3	0.4
自立訓練(生活訓練)事業	2010	682	100	－	3.1	6.5	60.6	6.5	－	－	5.4	17.3	0.7
	2008	551	100	－	3.4	7.4	63.3	5.6	0.5	－	3.4	16	0.2
就労移行支援事業	2010	1,250	100	－	2.4	0.8	73.3	2.9	0.7	－	4.8	14.6	0.5
	2008	867	100	－	2.4	0.7	75.2	2.9	0.9	－	3.7	14	0.2
就労継続支援(A型)事業	2010	328	100	－	0.6	0.6	56.4	1.2	－	0.3	14.6	25.3	0.9
	2008	216	100	－	0.5	－	60.6	1.4	0.5	－	13	22.7	1.4
就労継続支援(B型)事業	2010	2,891	100	－	2.4	3.8	59.1	2.3	0.4	－	2.5	29.1	0.4
	2008	1,805	100	－	2.2	3.9	63.5	3	0.7	－	1.8	24.8	0.2

資料) 2006年, 2008年, 2010年社会福祉施設等調査結果を基に作成

参考文献

「障害保健福祉関係主管課長会議資料」（平成23年6月30日付，平成23年2月22日付）

「障害者自立支援法」（平成23年6月22日法律第72号）

「障害者自立支援法に基づく障害福祉サービス事業の設備及び運営に関する基準」（平成21年7月15日厚生労働省令第131号）

「障害者自立支援法に基づく指定障害福祉サービスの事業等の人員，設備及び運営に関する基準」（平成23年6月1日厚生労働省令第68号）

「発達障害者支援法」（平成16年12年10日法律167号）

「発達障害のある児童生徒等への支援について」（平成17年4月1日付17文科初第211号文部科学省関係局長連名通知）

「特別支援教育を推進するための制度の在り方について」（平成17年12月8日中央教育審議会答申）

「学校教育法施行規則の一部改正等について」（平成18年3月31日付け17文科初第1177号文部科学省初等中等教育局長通知）

「学校教育法等の一部を改正する法律」（平成18年6月21日法律第80号）

「特別支援教育の推進のための学校教育法等の一部改正について」（平成18年7月18日付け18文科初第446号文部科学事務次官通知）

「学校教育法等の一部を改正する法律の施行に伴う関係政令等の整備について」（平成19年3月30日付け18文科初第1290号文部科学事務次官通知）

『厚生白書（平成11年版）』

プロムナード

　一般企業では取り扱う商品やサービスを効率的に提供するコストダウンだけでなく，新たな価値を作り出すイノベーション（革新）が重要な課題となっています。そうでなければ会社の存亡にかかわります。しかし福祉サービスはサービス内容が制度のなかで定義されています。つまり競争が少なくイノベーション（革新）を起こすための動機が働きにくい分野といわれています。制度改革で新たなサービス単価方式の導入や規制緩和が図られ，仮に安易な人員削減などサービスの質の低下を招くコストダウンが行われたとしても，国や地方自治体は最低基準に違反しないかぎり，サービスの質の向上までは指導することはできません。だからこそ「倫理」がより強く求められるのが福祉サービスなのです。福祉サービスの提供者は社会福祉経営に携わる者として福祉サービスの精神や制度を強固なプラットホームに据え，モーレツなスピードで進む少子高齢化社会に向けてイノベーション（革新）を起こすことが求められています。

学びを深めるために

野沢和弘『あの夜，君が泣いたわけ〜自閉症の子とともに生きて〜』中央法規，2010年

　自閉症の子の親として，ジャーナリストとして，著者が「障害」をめぐって出会った経験が収録されている。人のもつ本質的な「やさしさ」や人生における「障害」の意味，そして多様な人びとが「共に生きる」社会のあり方を学ぶことができる社会福祉士をめざす人に最適な入門者。

- 2011年6月制定された障害者虐待防止法における，国，都道府県，市町村，指定事業者等の役割をまとめてみましょう。
- 相談支援事業所の業務内容について調べてみましょう。

福祉の仕事に関する案内書

日本知的障害者福祉協会編『はじめて働くあなたへ―よき支援者を目指して―』日本知的障害者福祉協会，2011年

木原孝久『福祉の人間学入門』本の泉社，2002年

第7章

障害者自立支援法における専門職の役割と実際

1 ソーシャルワーク実践と価値・倫理

(1) 障害福祉分野のソーシャルワーク実践における「価値」の意味

　ソーシャルワーカー（社会福祉士）は実践の基盤に共通の価値を据えている。価値はソーシャルワーカーの拠り所であり、理念や実践の指針の核でもある。しかし同時に価値は個別的で多様なものとしても存在している。価値は重層的・複合的な様相を呈しているのである。そのため単に「価値は重要である」とだけ主張してもそれだけでは何も述べたことにはならない。ここで重要なことは価値の構造と位置づけ、そしてその中身ということになる。

　「専門職」とよばれる職業のなかで、ソーシャルワーカーほどその実践領域、対象、業務内容、勤務形態が広範かつ多様な職種はほかにないのではないだろうか。福祉事務所において生活保護等の業務をとおして低所得者の自立支援に携わるワーカーもいれば、高齢者支援施設において日々、高齢者の身辺ケアに携わりながら生活支援を行っているワーカーもいる。同じ種別の施設であったとしても、施設ごとの運営方針や特色などによりさらに業務内容に差異が存在する。障害福祉分野を例にとっても、対象や事業ごとに実際の業務内容は異なる。障害者自立支援法における日中活動のひとつである就労移行支援の生活支援員と、居住支援のひとつである共同生活介護（ケアホーム）の生活支援員とでは、おのずとその業務内容は異なってくる。むろん、業務の前提となる各実践領域の法制度や対象理解のための専門知識やアプローチの仕方も異なる。2007（平成19）年の社会福祉士および介護福祉士法の改正にともない、社会福祉士はジェネラリスト・ソーシャルワークを土台とした総合的かつ包括的な視点が強調されるようになった。ソーシャルワークは、基本的には種々のアプローチの統合化の方向に進んでいるが、実践現場における社会福祉的支援の多種多様な状況についてはそれほど大きな変化はないように思われる。行動様式や業務形態が多様であるにもかかわらず、ソーシャルワーカーが統合的な専門職としてのアイデンティティを持ち得ることが可能な理由はどこにあるのか。その答えのひとつが、社会福祉専門職が有すべき社会福祉の価値といえる。

(2) ソーシャルワークの「価値」の構造
1)「価値」の3分類

　『広辞苑』は「価値」について主に「物事の役に立つ性質・程度」という意味と「『よい』といわれる性質」という意味の2つをあげている[1]。前者は人間の種々の活動にとって直接的な利益に結び付くようなモノもしくはその基準といった意味がある。すなわち具体的な人間の活動が存在してはじめて意味をなすものであり、どちらかというと手段的な意味をもっている。それに対して後者はそれ自体が意味をなすものであり、前者とは反対に人間の活動の雛形と

なり指針となるものである。後者はさらに，人間の好悪の対象となるものと，普遍的によいという性質をもつものとに分けられる。人間の好悪の対象となるものとは，たとえば個々人のライフスタイルの土台となっている原則や指針などを指す。これは，あるものが一方の個人にとっては善であり行動の指針となるものであったとしても，かならずしも他方の個人にとってそうとは限らないということでもある。それに対して普遍的によいという性質をもつものとは，「社会正義」や「人権の尊重」というように，歴史や空間（地域），さらには特定の集団や属性が有する文化や規範を超越した，誰にとってもよい意味をもつ概念のことを指す。社会福祉専門職の価値は後者の普遍的な価値を土台としていることはいうまでもない。しかし実際は普遍的な価値といわれるものであっても，時代や文化的背景によって史的にも地域的にも固有な意味づけがなされるものであり，完全に普遍性をもつ価値を定義づけることはむずかしい。価値をお題目で済ませるのではなく実効性のあるものにするためには，先述したようにソーシャルワーカーが志向する社会の在り様を描き出し，その中身を明示して吟味することが必要となる。さらにその実現のための道筋となるべき「倫理基準」も必要となる。

　価値は，究極的価値，特殊具体的価値，そして道具的価値の3種に大別して説明することができる[2]。究極的価値とは，社会福祉の文脈でいえば先述したソーシャルワーカーが志向する社会の在り様の基本的な前提となる概念のことであり，たとえば「人権の尊重」や「社会正義」のようなものを指す。特殊具体的価値とは，障害福祉分野における専門職の価値というように限定された対象や領域における価値のことを指す。そして道具的価値とは，究極的価値や特殊具体的価値を具現化するための価値を指す。とくに道具的価値については，それ自体がよいということを前提とした，当該領域における正しい行いが導き出されるものでもあり，それが当該領域における専門職の倫理や行動規範に結びつく。

2）社会福祉士の倫理綱領

　障害福祉分野におけるソーシャルワーカーは，社会福祉士の有すべき価値とそれに基づく行動指針を定めた「社会福祉士の倫理綱領」（2005年採択，以下「倫理綱領」と略す）を実践の基本に据える必要がある。「倫理綱領」では「前文」および「価値と原則」において，ソーシャルワーカーはすべての人が「人間の尊厳」を有していることを認識し，「社会正義」をめざす専門職であることを言明している。「人間の尊厳」とは，人は「出自，人種，性別，年齢，身体的精神的状況，宗教的文化的背景，社会的地位，経済的状況等の違いにかかわらず，かけがえのない存在として尊重」されるということである。また「社会正義」とは，「差別，貧困，抑圧，排除，暴力，環境破壊などの無い，自由，平等，共生に基づく社会」が実現されていることであり，不平等，不公正な社

社会福祉士の倫理綱領
　国際ソーシャルワーカー連盟（IFSW）に加盟する日本のソーシャルワーカー4団体（日本ソーシャルワーカー協会，日本医療社会事業協会，日本社会福祉士会，日本精神保健福祉士協会）がそれぞれ採択していた倫理綱領について，IFSWの倫理綱領に準拠するかたちでその土台を共通のものとして改定された「ソーシャルワーカーの倫理綱領」に，社会福祉士の実践のガイドラインである「行動規範」を加えたもの。2005（平成17）年に採択されている。

会を許さないということである。「倫理綱領」は，ソーシャルワーカーはこの2つの価値が具現化された社会がよい社会であるという価値を有する専門職であることを宣言しているのである。人はほんらい，「障害」の有無のみならずさまざまな側面において，一人ひとりが「異なり」を有して存在している。ここでいう「異なり」とは生物学的・身体的な差異のみならず，地域的・文化的背景による差異も当然含まれる。しかし人は「人間」であるという点において，その「異なり」にかかわらず等しくその存在が肯定されなければならない。「異なり」を理由とした活動制限や社会活動への参加制約が存在したとしたら，それは不正義となる。「異なり」に対してスティグマを与えたうえで，ある特定のカテゴリーや生の様式に同化させようとすることも同様に不正義となる。「人間の尊厳」と「社会正義」を価値基盤にするということは，ここで述べたような不正義の状態を看過してはならないということである。このことは「価値と原則」の「貢献」で明示されている。「貢献」の原則とは，ソーシャルワーカーが身につけた知識や技術はすべて「人間の尊厳」と「社会正義」の2つの価値の尊重と実現に寄与されるものであり，ソーシャルワーカーはそのこと自体に価値を置く専門職であることを宣言しているということである。「人間の尊厳」，「社会正義」，そしてそれらの実現に「貢献」する存在であるということが，すべての領域におけるソーシャルワーカーの基本的な価値となる。これらの価値は，先の価値の3つの分類における究極的価値と重なるものであり，この価値が多様な様相をみせるソーシャルワーク実践を，統合された専門職としてつなぎあわせる幹となるのである。

3） 障害福祉分野における価値原則と倫理基準

障害福祉分野を実践領域とする場合，ソーシャルワーカーの倫理綱領における究極的価値にかさなる3つの価値原則（人間の尊厳，社会正義，貢献）に加えて，障害者支援の基本理念と施策の基本的事項を定めた障害者基本法に明示されている目的と理念も実践の価値として基本に据える必要がある。障害福祉分野における自立支援給付等の各種サービスの提供に関する具体的事項が定められている障害者自立支援法も，障害者基本法の理念にのっとり運用されている。これは先述した価値の3つの分類における特殊具体的価値と重なるものとなる。

障害者基本法では3つの基本的理念が示されている。1つめは個人の尊厳とその尊厳にふさわしい生活保障の権利を有していること，2つめは社会，経済，文化その他のあらゆる活動への社会参加の機会が与えられること，そして3つめは障害を理由とした差別や権利侵害を行ってはならないことである。これらの理念はノーマライゼーションやソーシャル・インクルージョンといった障害福祉分野におけるソーシャルワークの実践的価値につながるものでもある。

障害者基本法の3つの理念は「倫理綱領」における「人間の尊厳」，「社会正義」，そしてそれらへの「貢献」と近似の価値であり，かつ，同じ重みをもつ

障害者基本法

1970（昭和45）年に制定された心身障害者対策基本法を，1993（平成5）年に改正したもの。身体障害者，知的障害者にくわえて，これまで対象となっていなかった精神障害者も障害者の定義に包含され，本法の対象として明記された。国連障害者の権利条約の批准に向けた法整備の一環として「社会的障壁」の定義が新たに定められるなど，2011（平成23）年に大幅に改正された。改正法では，全ての国民が，障害の有無によって分け隔てられることなく，相互に人格と個性を尊重し合いながら共生する社会を実現するため，障害者の自立及び社会参加の支援等のための施策に関する基本事項を定め，障害者の自立及び社会参加の支援等のための施策を総合的かつ計画的に推進することを目的としている。障害者自立支援法も本法の理念を基にしている。

ソーシャル・インクルージョン

たとえば障害があるがゆえに日常生活に支障があったり，社会活動への参加に制約を受けたりするなどの不平等や不合理な差別の状況（ソーシャル・エクスクルージョン（社会的排除））を認識し，その解決に向けてそのような状況下にある人を社会が包摂するという理念。国際ソーシャルワーカー連盟（IFSW）のソーシャルワークの定義の「価値」の項目において，ソーシャルワーカーの役割として傷つきやすく抑圧されている人びととのソーシャル・インクルージョンの促進がうたわれている。

ものである。そのように考えれば，具体的な実践の基準も「倫理綱領」における道具的価値に該当する事項を土台として設定されることになる。

　ソーシャルワーカーの幹となる3つの価値および障害者基本法における3つの理念を具現化するための道具的価値と重なるものとして，「価値と原則」に位置づけられている「誠実」および「専門的力量」がある。また，「倫理綱領」における「倫理基準」および「社会福祉士の行動規範」はソーシャルワーカーの道具的価値を具体的に明示したものといえる。「誠実」原則は，利用者とのかかわりや実践の選択に迷いが生じたり，ジレンマに陥ったりした場合は，とにかく倫理綱領に立ち返ることをもっとも大事にしている専門職であることを宣言しているということである。「専門的力量」原則は，ソーシャルワーカーとして身につけている価値，知識，技術の総体としての専門的力量を実践の場面において適切に発揮するとともに，ソーシャルワーカーはつねにその専門性を高める姿勢をもった専門職であることを宣言しているということである。

　「倫理基準」は，「利用者」，「実践現場」，「社会」そして「専門職」に対する倫理責任としてソーシャルワーカーが負うべき責務を明示している。「利用者に対する倫理責任」では，利用者との関係や利用者利益の最優先など，「人間の尊厳」を価値基盤とした際の具体的な倫理基準について明示されている。また「社会に対する倫理責任」では，先述した「異なり」を起源としたあらゆる差別，貧困，抑圧，排除，暴力などを排し，包括的な社会をめざす「ソーシャル・インクルージョン」を土台とした社会づくりなど，「社会正義」を価値基盤とした際の倫理基準が明示されている。「実践現場における倫理責任」および「専門職としての倫理責任」は，「誠実」や「専門的力量」という機能的意味をもつ原則をより具現化するための倫理基準であるといえる。「実践現場における倫理責任」では，最良の実践を行う責務や実践現場における綱領の遵守などの基準が明示されている。また「専門職としての倫理責任」では，専門職の啓発活動や信用失墜行為の禁止，さらには専門性の向上や教育・訓練・管理における責務などの倫理基準が明示されている。これら倫理基準は「社会福祉士の行動規範」においてより具体的な指針として示されている。

　次節では障害者自立支援法のもとで障害福祉分野で働く社会福祉士等が担う役割について述べるが，ソーシャルワーカーはこれらの役割の根底には本節で述べてきた「倫理綱領」に明示された原則と倫理基準がつねに存在することを忘れずに実践に取り組む必要がある。

2 相談支援専門員

(1) 相談支援専門員の位置づけ

　市町村は障害者自立支援法に基づき地域生活支援事業のひとつとして相談支

地域生活支援事業
障害者自立支援法において裁量的経費事業として位置づけられた事業。障害者および障害児がその有する能力及び適性に応じ，自立した日常生活又は社会生活を営むことができるよう，地域の特性や利用者の状況に応じて実施される。市町村が主体のものと都道府県が主体のものとがある。前者は，相談支援事業，コミュニケーション支援事業，日常生活用具給付等事業，移動支援事業が行われる。後者は，発達障害者支援センター運営事業などの専門性の高い相談支援事業や広域的な支援事業，またサービス・相談支援者，指導者育成事業などが行われる。

援事業を必須事業として行うことになった。その目的は「障害者等が障害福祉サービスその他のサービスを利用しつつ，その有する能力及び適性に応じ，自立した日常生活又は社会生活を営むことができるよう，地域の障害者等の福祉に関する各般の問題につき，障害者等，障害児の保護者又は障害者等の介護を行う者からの相談に応じ，必要な情報の提供及び助言その他の厚生労働省令で定める便宜を供与するとともに，障害者等に対する虐待の防止及びその早期発見のための関係機関との連絡調整その他の障害者等の権利の擁護のために必要な援助を行う事業」と規定されている（第77条1項1号）。相談支援事業は市町村が自ら実施する場合と，都道府県より指定を受けた相談支援事業者（指定相談支援事業者）に委託する場合とがある。指定相談支援事業者はもっぱらその職務に従事する「相談支援専門員」を配置しなければならないと規定されている（「障害者自立支援法に基づく指定相談支援の事業の人員及び運営に関する基準」［平成18年厚生労働省令第173号］）。なお，指定相談支援事業者には，障害者自立支援法の各種サービス給付のための必要な手続きである障害程度区分認定調査およびサービス利用意向聴取業務を市町村から委託されている事業者と，支給決定後のサービス利用計画作成費の作成から行う事業者の2種類がある。

相談支援専門員の要件は，「障害特性や障害者の生活実態に関する詳細な知識と経験」を有することを基本的な考え方としたうえで，以下の2つの条件を満たしたものと規定されている（「厚生労働省令告示第549号」）。

①障害者の保健・医療・福祉などの分野における相談支援・介護等の業務における3〜10年の実務経験
②「相談支援従事者（初任者）研修」の受講

①の実務経験年数については，「障害者の保健，医療，福祉の分野における相談支援の業務及び介護等の業務」と，「障害者の就労，教育の分野における相談支援の業務」に大別されたうえで，実践領域，従事した業務内容，資格の有無とその種類によって，3年以上（540日以上），5年以上（900日以上），10年以上（1800日以上）というように細かく規定されている。また，相談支援専門員は5年毎に「相談支援従事者現任研修」を受講する必要がある。

（2）相談支援専門員の役割と実際

相談支援専門員は，「障害者自立支援法に基づく指定相談支援の事業の人員及び運営に関する基準」15条「相談支援の具体的取扱方針」において，「地域の利用者等からの日常生活全般に関する相談に関する業務及びサービス利用計画の作成に関する業務」を担うということが明記されているように，基本的な役割は利用者に対するケアマネジメントにあるといえる。とくに相談支援専門員が担うケアマネジメントの枠組みについて説明されたものとして，2002（平成14）年に従前の支援費支給制度を見据えて作成された「障害者ケアガイドラ

障害者ケアガイドライン
当初，従前の支援費制度でのケアマネジメント導入を見越して，その円滑な実施を可能とするために，厚生労働省内に設置された「障害者ケアマネジメント体制整備検討委員会」が2002（平成14）年に公表したもの。ケアマネジメントは，支援費制度以降の障害者施策における基本的な考え方である「自己選択」や「自己決定」を支援し，障害者の地域生活を支える有効な手段であるとの認識のもとに作成されている。

イン」,および障害者自立支援法施行前に公表された「相談支援の手引き」(2005 (平成17) 年) がある。ケアマネジメントは一般的に,複合的なニーズを有する利用者の継続的な地域生活支援のために,地域に散在しているさまざまな提供主体による支援サービスを一体的・総合的に提供することを目的とした技法としてひろく認知されている。相談支援専門員はこのケアマネジメントの目的をふまえて相談支援活動にのぞむ必要がある。また障害者自立支援法における相談支援事業は,それまで障害種別ごとに分かれていた相談窓口を一本化したものであるため,相談支援専門員は障害にかんする広範な知識と障害種別ごとの特性に応じた相談支援の方法の習得が必須となる。

　ケアマネジメントは,①インテーク,②アセスメント,③ケアプランの作成,④ケアプランの実施,⑤モニタリング,⑥エバリュエーション,⑦終結の過程で説明がなされる。障害者自立支援法に基づく相談支援においては,インテークの次段階として,ケアマネジメントによるサービス提供の必要性の有無の判断を行うスクリーニングが行われる。「相談支援の手引き」では,スクリーニングの判断事例として,(1) 医療の緊急性が高い場合,(2) 虐待等専門の機関での緊急的対応の必要性が高い場合,(3) 精神障害者で,医療的アプローチの必要性が比較的高い場合,(4) 他制度の対象者である場合,の4つを挙げている。また,最終的にサービス利用計画作成費の支給対象となることが想定されるような利用者からの相談を受けた場合,上記4点に加えて留意しなければならないこととして,先述のように相談が持ち込まれる相談支援事業所が市町村から障害程度区分認定調査およびサービス利用意向聴取業務の委託を受けているか否かという点がある。障害者自立支援法におけるケアマネジメントは障害程度区分認定前の段階から開始される。この点は介護認定がなされて給付決定後からケアマネジメントが開始される介護保険法と異なる。障害者自立支援法の場合,障害程度区分認定調査等を経て障害程度区分認定がなされ (訓練等給付を除く),さらにサービス利用意向聴取のうえ「簡易」なケアプラン (支給決定案) が作成されたうえで,必要に応じて市町村審査会からの意見聴取ののち,市町村より支給決定がなされる。支給決定がなされた利用者がサービス利用計画作成費の対象となりうる場合 (すなわち障害者自立支援法におけるケアマネジメントの対象となりうる場合) は,あらためてアセスメントを行ったうえでサービス利用計画を作成することになる。すなわち障害者自立支援法におけるケアマネジメントは,①支給決定前に市町村もしくは委託指定相談支援事業者 (の相談支援専門員) によって行われる仮のアセスメントおよび簡易ケアプラン (支給決定案) の作成,②支給決定後に市町村もしくは指定相談支援事業者 (の相談支援専門員) によって行われるアセスメントおよびケアプラン (サービス利用計画) の作成というように2段階に分かれている。②の支給決定後のサービス利用計画作成の際,利用者からの依頼を受けた事業所の

相談支援専門員は，認定調査票やサービス利用意向聴取時の情報，支給決定案の内容について，利用者の同意を得たうえで調査・作成を行った市町村もしくは委託指定相談支援事業者から情報提供を受ける必要がある。これらについて自らの事業所が委託指定相談支援事業者として支給決定前のアセスメント，プランニングを行っている場合はその情報をそのまま用いることが可能となる。しかし，相談支援専門員が所属する相談支援事業者が市町村からの委託を受けていない事業者であった場合は，サービス利用計画作成の段階からはじめて利用者の相談を受けることになる。以上の点から，相談する利用者負担の観点からもはじめに相談を受けた相談支援事業者の相談支援専門員のスクリーニングの判断が重要となる。

3 サービス管理責任者

(1) サービス管理責任者の位置づけ

サービス管理責任者は「指定障害福祉サービスの提供に係るサービス管理を行う者として厚生労働大臣が定めるもの」を指し，障害者自立支援法施行にあわせて，療養介護，生活介護，児童デイサービス，共同生活介護，自立訓練（生活訓練），就労移行支援，就労継続支援A型，同B型，共同生活援助の各障害福祉サービス事業所に配置されることになった（「障害者自立支援法に基づく指定障害福祉サービスの事業等の人員，設備及び運営に関する基準」[厚生労働省令第171号]）。

サービス管理責任者の要件は，配置される障害福祉サービスごとに細かく規定されている。基本的にはそれぞれの障害福祉サービスの実務経験（5～10年）及び各分野の「サービス管理責任者研修（19時間）」に加えて，「相談支援従事者初任者研修（講義部分11.5時間）」もしくは「旧ケアマネジメント研修」を修了したものとなっている（「指定障害福祉サービスの提供に係るサービス管理を行う者として厚生労働大臣が定めるもの等」[厚生労働省告示544号]）。

(2) サービス管理責任者の役割と実際

サービス管理責任者の主要な役割は，各障害福祉サービス提供の際の個別支援計画の作成に関する業務である。相談支援専門員の主要な役割が複合的なニーズをもつ利用者に対するケアマネジメントを用いた支援であるとするならば，サービス管理責任者の主な役割は，利用者が自立した日常生活を営むことを実現させるための各障害福祉サービスの提供内容の検討を行うということである。個別支援計画作成にあたっての留意事項として，① 利用者の希望する生活のアセスメントと支援内容の検討，② 利用者との面接を通してのアセスメントの実施，③ 他の保健医療福祉機関との連携も視野に入れた個別支援計

画の原案作成,④個別支援計画検討会議の開催,⑤個別支援計画原案について利用者とその家族への説明と文書による同意,⑥個別支援計画の利用者への交付,⑦定期的な利用者との面接をふまえたモニタリングと必要に応じた計画の見直しが挙げられている。さらにサービス管理責任者の責務として,①他の障害福祉サービスの利用状況の把握,②利用者の自立生活のための支援内容の定期的な検討と必要な支援,③他のスタッフに対する指導・助言が明示されている(同上,厚生労働省令第171号)。

(3) サービス管理責任者の障害福祉サービスの質の管理

　サービス管理責任者は,機関を超えたケアマネジメントによるサービス全体の調整というよりも,個別の障害福祉サービスの質の管理に重点を置いた役割を担うことになる。具体的にいえば,個別支援計画作成各段階における評価,事業所内の職員間(スタッフ間,管理者―スタッフ間)の調整,日々の支援を通しての利用者ニーズの把握等が挙げられる。また常に地域の関係者等(他事業所,民生委員,地区の区長等)との日頃からの関係づくりを心がける必要もある。そのため,利用者の日々の生活のなかでの訴えや苦情,また生活上のこまかな要望等にフレキシブルに対応する能力とともに地域にも常に目を向けるフットワークが求められる。その際サービス管理責任者が大事にしなければならないことは,1節で述べたようにソーシャルワーカーの共通の価値ということになる。障害福祉サービス自体は多様な様相を呈しており,そこで求められる知識や技術はそれぞれの事業所ごとに異なるが,ソーシャルワーカーというアイデンティティを発揮したかかわりを可能ならしめるものは社会福祉の価値であるということを忘れてはならない。また要件で規定されているように比較的長期間の実務経験とサービス提供プロセス管理に重点を置いた研修の受講が求められていることからも,他の直接支援に携わるスタッフに対するスーパーバイザーとしての役割も担うことになる。

4　生活支援員等の役割と実際

　生活支援員は障害者自立支援法における各障害福祉サービス事業所に配置される職種であり,利用者の日常的な自立訓練や介護に直接にかかわる職員のことを指す。上述のサービス管理責任者が配置されている事業所のうち,児童デイサービスの場合は児童指導員または保育士,共同生活介護の場合は世話人が配置されている。それ以外の事業所については生活支援員が配置されている。また就労移行支援,就労継続支援A型,同B型では職業指導員が配置されている。さらに就労移行支援では上記に加えて就労支援員が配置されている(同上,厚生労働省令第171号)。

スーパーバイザー
実践現場での経験の浅い初任ソーシャルワーカーや実習生(スーパーバイジー)に対して教育的・支持的・管理的な支援を行う支援アプローチの一つであるスーパービジョンにおける支援者を指す。スーパーバイザーには福祉専門職としての有能さのみならず,組織人としての管理運営能力や職業人としての価値・倫理の理解と修得が求められる。

生活支援員は利用者の日常生活を支える役割を担っている。介護施設であれば，食事，衣類の着脱，排せつ，移動等々，身辺にかかる介護支援が主業務となる。また自立訓練事業では利用者の自立した日常生活の実現に向けたリハビリテーションも担うことになる。就労移行・継続の各事業における職業指導員は各事業所における就労に向けた作業活動の指導などを行う。また就労支援員は就労移行支援事業の特色を反映した職種であるが，利用者の個性や適性にあう職場開拓や利用者の一般企業等への就職後のアフターフォロー（職場定着支援）等を担うことになっている。

　利用者の日々の生活上の支援を直接的に担うのが生活支援員等の第一義的な役割であるが，利用者の自立支援の観点をふまえれば，利用者とその環境全体という生活全体をとらえる視点をもって個別支援にあたる必要がある。そのため，毎日の支援における個別支援一つひとつを通して利用者の変化をキャッチする能力が必要となる。その際，利用者変化を単に「できる／できない」というように単線的な変化としてとらえるのではなく，ある行動や活動が表面的には以前よりもできなくなったとした場合，どのような支援（モノやヒト）があれば以前と同じようにできるのかということまで考えながら支援にあたる必要がある。当然ながら地域の社会資源にも精通している必要がある。

　以上の職種はかならずしも社会福祉士が担うわけではないが，広義の社会福祉専門職ととらえた場合，障害者自立支援法の理念およびソーシャルワーカーの倫理綱領を基盤として利用者の自立支援を目標としたかかわりを行う必要がある。

5　居宅介護等従業者の役割と実際

　障害者自立支援法における居宅介護等従業者とは，居宅介護（障がい者（児）ホームヘルプ），重度訪問介護および行動援護における援助を行う者を指す。居宅介護等従業者は，利用者が居宅において自立した日常生活や社会生活を営むことができるよう，利用者の身体状況や生活環境に応じて，入浴，排せつおよび食事介助や生活上の家事全般の支援を行うとともに，生活全般に関する相談・助言を行う。重度訪問介護従業者は，重度の肢体不自由者で常時介護を必要とする障害者が居宅にて自立した日常生活や社会生活を営むことができるよう上述の家事全般の支援および生活全般に関する相談・支援のほか，外出時における移動中の介護等も行う。行動援護従業者は，障害者自立支援法で規定されているように「知的障害又は精神障害により行動上著しい困難を有する障害者」（第5条4項）が居宅において自立した日常生活や社会生活を営むことができるよう，利用者の身体状況や生活環境に応じて，利用者の行動に付随する危険を回避するための必要な援護や外出時における移動中の介護等の援助を行う

(同上，厚生労働省令第171号)。

　居宅介護等従業者の要件は、「指定居宅介護等の提供に当たる者として厚生労働大臣が定めるもの」(厚生労働省告示第538号)によって細かく規定されているが、基本的には介護福祉士もしくは居宅介護従業者養成研修、重度訪問介護従業者養成研修(実習5時間を含む10時間、区分6の場合は実習3時間を含む追加10時間)、または行動援護従業者養成研修(演習14時間を含む20時間)の修了者となる。特に居宅介護従業者養成研修については介護保険法施行規則で規定された介護職員基礎研修課程、訪問介護に関する1～3級課程の研修を読み替えるかたちとなる。

　障害者が地域で自立して生活を送るうえで、日々の生活支援は必須となる。生活には生きる上での必要最低限の行動(食事、排せつ等)のみならず、自身の生活をより豊かにするための社会活動や余暇活動なども当然ながら含まれる。それらの活動が、仮に障害があることにより制約を受けることになれば、それはノーマライゼーションやソーシャル・インクルージョンの理念から外れることになる。またその状態を専門職として放置することは先の「倫理綱領」におけるソーシャルワーカーの価値原則からみて看過できない。居宅介護等従業者は利用者の自立生活の実現と維持に直接的にかかわる職種でもあり、また利用者の日々の生活上の課題や希望や不満などを直に聞くことになる職種でもある。居宅介護等従業者はここで聞きとった利用者の希望や不満を単なる要望として受け取るだけではなく、利用者の心理的状況や家族環境・生活環境等を勘案して、再アセスメントの基礎情報として援助専門職の立場で支援チームにフィードバックする必要がある。そのためには居宅介護の援助場面において、社会福祉の価値・知識・技術を土台として利用者ニーズをキャッチするために能動的にかかわる必要がある。

注)
1) 新村出編『広辞苑』(第5版)岩波書店、1998年、p.520
2) フレデリック・G・リーマー／秋山智久監訳『ソーシャルワークの価値と倫理』中央法規、2001年、p.42

参考文献
　太田貞司ほか編『対人援助職をめざす人のケアマネジメント』みらい、2007年
　柏倉秀克『障害者に対する支援と障害者自立支援制度』久美出版、2009年
　坂本洋一『図説　よくわかる障害者自立支援法』(第2版)中央法規、2008年
　社会福祉士養成講座編集委員会編『相談援助の基盤と専門職』(第2版)中央法規、2010年
　社会福祉士養成講座編集委員会編『障害者に対する支援と障害者自立支援制度—障害者福祉論』(第2版)中央法規、2010年
　日本社会福祉士会編『改訂　社会福祉士の倫理　倫理綱領実践ガイドブック』中央法規、2009年

日比野清ほか編『障害者に対する支援と障害者自立支援制度―障害者福祉制度・障害者福祉サービス』弘文堂，2009年

フレデリック・G・リーマー／秋山智久監訳『ソーシャルワークの価値と倫理』中央法規，2001年

プロムナード

「資格」の保持は専門職や専門家と呼ばれる場合の条件のひとつといえます。資格とは簡単にいえば，資格保持者にしかできない特殊な技能を有していることの証明です。またここでいう特殊な技能には高い公益性が備わっている必要があります。しかし同時に資格は，保持者以外の人がその業務を行ったり資格名称を使用したりすることを禁止するという「排他性」も有しています。

痰（たん）の吸引という行為があります。自力で痰の排出ができない人や器官カニューレを挿入している人などに対して，吸引器を用いて痰の排出を行う行為のことです。2011（平成23）年の介護保険法等の改正にともない，介護職員による痰の吸引が正式に認められました。この行為は「医療行為」としてこれまで医師や看護師のみが行うことができると規定されており，介護職員は一定の条件が揃わなければ行うことができませんでした。ただし在宅介護をしている家族については容認されてきました。また介護職員による行為も実質的に容認されてきた事実があります。なぜ，専門的な技能を有するはずの医療行為である痰の吸引が，「素人」である家族については認められていたのか。また反対に，介護職員については認められていなかったのか。このことは，日本の社会福祉の状況と資格の排他性の意味について考えることにつながると思います。

2007（平成19）年の社会福祉士及び介護福祉士法改正の際，社会福祉士の任用促進や職域拡大の附帯決議がなされました。このことは社会福祉士がこれまで以上に強い排他性を有する専門職を目指すということでもあります。排他性はそもそも何のために存在するのか。痰の吸引の話を持ち出すまでもなく，社会福祉士は常に考え続ける必要があると思います。

学びを深めるために

中西正司・上野千鶴子『当事者主権』岩波書店，2003年

　社会福祉士は福祉的課題を抱えた人を支援する専門家である。支援は介入であり，社会福祉士による介入はどんなに「やさしい」言葉を用いようとも，相手に対する「侵襲」でもある。同書は，真に当事者の意に適う支援とはどのようなものかについて，その手がかりを与えてくれる書である。

倉本智明『だれか，ふつうをおしえてくれ！』理論社，2006年

　障害者と健常者という分け方は絶対的なものではないという視点や，障害者をひとかたまりの等質の存在としてとらえてしまうことの危うさをふまえたうえで，障害をどのように理解すればよいかについて，視覚障害のある著者による平易な文章で書かれた書である。

さまざまな福祉現場で働く福祉専門職の職務内容について，種別と領域ごとに，その独自な点と共通する点について考えてみてください。

福祉の仕事に関する案内書

京都新聞社編『折れない葦 医療と福祉のはざまで生きる』京都新聞出版センター，2007年

第8章 障害者自立支援法における多職種連携・ネットワーキングと実際

1　はじめに－障害者福祉分野における連携の基本的視点－

　障害者が「生活者」として地域で生活を送るときに，どのような支援体制が必要となるだろうか。2000（平成12）年の社会福祉基礎構造改革以降，わが国の社会福祉は利用者ができる限り住み慣れた地域で生活し，利用者の自己選択・自己決定を主体とした支援を行っていくシステムを展開してきた。2006（平成18）年に施行された障害者自立支援法では，障害者福祉のサービスの抜本的改革がなされ，障害者が地域生活を送ることができるように整備された。

　そのことは，障害者の生活が施設や医療機関への「入所・入院」から「地域」での生活へと移行していくことを意味する。入所・入院の生活であれば，生活を支援するさまざまな支援やサービスは施設や病院から一括して提供されることになる。しかし地域での生活は，複合的なニーズに対して，さまざまなサービスを提供する機関や職種が存在し，それぞれがその専門的役割から支援を展開していくことになる。地域へと生活の場を移し，地域に生活を定着させ，障害者が地域において自己実現していくときに，各機関や職種が独立してそれぞれ働きかけるのではなく，一人の生活者を支援するためのネットワークを形成し，支援目標や情報を共有し支援していくことが求められる。多職種連携では，互いの専門性の尊重，情報共有と目的の共有が必要であり，柔軟でフットワークの軽い連携が必要となる。連携・ネットワークの中心には常に障害者本人が存在し，その連携は当事者抜きには決して進めることはできない。そして，連携により築かれるネットワークは，他のケースにも応用され，地域の福祉力向上へとつながっていく。本章では，障害者自立支援法における多職種連携とネットワーキングについて，連携場面の実践的特徴を交えながら論じていく。

2　医療関係者との連携

(1) 医療関係者との連携の意義

　障害者に対する医療関係者からの支援として，その人の障害の一因となっている傷病の治療やリハビリテーションがまず思い浮かぶだろう。しかし治療・リハビリテーションのみならず，障害者が各種制度を利用するために診断や意見を述べること，障害者の健康状態の維持・向上のための健康診査や継続的な治療，服薬管理，生活習慣病予防など，医療関係者の役割は多岐にわたる。障害をもちながら，豊かな地域生活を営んでいくための身体的・精神的健康の維持を担う役割として医療関係者の責任は大きい。さらには医療関係者のもつ障害者の医学的視点からみた側面は，生活支援を展開する際にも重要な情報となる。また，施設や病院から地域へ生活を移行していく際にも，医療関係者との連携が必要となる。社会福祉士は，障害者が関係する医療機関，保健機関，そ

健康診査制度
　地域，学校，職場で行われる健康診査のことであり，保健施策の柱となっている。母子保健法：妊婦一般健康診査及び精密健康診査，乳児一般健康診査及び精密健康診査，1歳6か月児・3歳児を対象とした一般健康診査・精密健康診査及び歯科健康検査　学校保健法：就学予定者を対象とした就学時健康診断，児童生徒・学校職員を対象とした定期健康診断，臨時健康診断　感染症予防法：結核を対象疾患とした健康診断　原子爆弾被爆者に対する援護に関する法律：健康診断　健康増進法：40歳以上の者を対象とした健康診査，歯周疾患検診，骨粗鬆症検診，肝炎ウイルス検診，がん検診　その他：性感染症及びHTLV‐1の検査等

してそこに所属する専門職の役割や専門性を十分に理解し，障害者の医学的側面においての綿密な連携が求められる。

(2) 医療関係者との連携

医療機関にはさまざまな専門職が所属し，それぞれの専門的視点から障害者の治療，支援に携わる。社会福祉士は障害者が適切に医療を受けることができるように，医療関係者と連携しなければならない。この項では，医療関係者の役割と社会福祉士との連携において期待すべき部分について述べる。

1) 医師

医療機関において，医師は疾患の治療を担当し，治療の責任を担う専門職である。また，医療チームのチームリーダーとしての役割を担うことも多く，治療，リハビリテーションの責任者として，障害者の医学的支援に大きな責任をもつ。社会福祉士は支援する障害者の主治医等との連携により，障害者の医学的側面からの情報を共有し，生活支援の方向性を見出していく必要がある。

2) 看護師

看護師は，入院治療，外来治療において，患者である障害者の疾患管理，治療の補助，病状観察，生活指導，家族に対する疾患管理の助言指導などの役割を担う。さらに最近では訪問看護を行う医療機関も増加し，特に精神障害者の支援においては，訪問看護師による訪問活動での疾患管理，服薬管理・指導，生活状況の確認などで担う役割も大きい。社会福祉士は，疾患管理や退院支援，地域生活支援の際に看護師と協働して支援計画の立案，実施を行っていくなどかかわる部分は大きいといえる。

3) 医療ソーシャルワーカー（MSW：Medical Social Worker）

医療ソーシャルワーカーは，保健医療機関に所属するソーシャルワーカーの総称であり，患者である利用者の経済的問題，心理・社会的問題に対して解決，調整していく役割を担う。取り扱う問題は多岐にわたり，受診支援，入院支援，社会復帰支援，家族関係調整，他機関との連携・調整など，利用者の生活全般にかかわる。医療機関唯一の社会福祉専門職として障害者の医療場面でソーシャルワークの視点からかかわっていく。また，医療を受ける際に利用可能な，自立支援医療制度，高額療養費制度など各種制度の利用についてもスムーズな制度利用のために連携をしていく必要がある。

> **高額療養費制度**
> 健康保険等の保険診療において被保険者の自己負担額が一定の額を超えて高額になった場合，その超えた部分について，被保険者の申請に基づき支給される現金給付の制度。

4) 理学療法士，作業療法士

理学療法士は身体障害のある人びとに対し，その基本的能力の回復や維持，障害の悪化の予防などの身体的自立を高めるために，検査，測定などを行い，運動療法，日常生活動作訓練などの物理的な療法を行う専門職である。作業療法士は，各種の作業活動を通して運動機能の応用的な回復や，主体的な生活の獲得を行う専門職である。理学療法士・作業療法士ともリハビリテーションの

専門家として医療機関に所属している。連携の際は，地域生活に必要な機能，能力の回復，維持，向上のために情報を共有し，リハビリテーションの視点からの支援を要請していく。

(3) 保健機関との連携

障害者が地域生活を送るにあたり，治療のみならず，健康維持のための保健サービスが必要である。保健サービスを担うのは地域保健法に定められている，保健所，市町村保健センターである。乳幼児期から高齢期に至るまでの各種健康診査を通して，障害者の健康維持や疾患等の予防活動を行っている。この項では，障害者の地域生活を支えるための保健機関の役割と所属する職種との連携を述べていく。

1) 保健所

保健所は地域保健法第5条に規定される行政機関で，都道府県，指定都市，中核市，政令で定める市及び特別区に設置されている。地域住民の保健・衛生活動の中心的役割を担う機関であり，医師，薬剤師，保健師，助産師，看護師，精神保健福祉士などの各領域の専門家によって構成される。障害者の支援では，子育てに関する相談・指導，健康診断，予防活動，訪問活動などがある。また精神保健福祉分野では1965（昭和40）年の精神衛生法改正にともない，保健所は地域精神衛生活動の第一線機関と位置づけられた経緯もあり，現在は，市町村にその役割の多くを移譲しているものの，市町村を支援する機関として地域精神保健業務を担う。精神障害者の退院支援，地域生活支援において，特に保健師や精神保健福祉相談員との連携が多くみられる。また，地域の複数機関が連携する際のコーディネート役を保健所が担うことも多い。

2) 市町村保健センター

市町村保健センターは地域保健法第18条に規定される行政機関で，地域住民の健康保持，増進のための事業を行う機関である。主に母子保健，老人保健など保健事業を行い，その中心は保健師である。乳幼児健診における障害の発見，継続的な療育支援，障害者の健康保持や生活習慣病予防等の役割がある。連携としては，障害児の療育や家族相談，地域生活支援のためのきめ細かな保健指導の場面などで行われる。

3 精神保健福祉士との連携

(1) 精神保健福祉士とは

精神保健福祉士は，精神保健福祉分野の社会福祉専門職資格として精神保健福祉士法に定められた国家資格である。精神保健福祉士法第2条には，精神保健福祉士の役割として「精神障害者の保健及び福祉に関する専門的知識及び技

術をもって、精神科病院その他の医療施設において精神障害の医療を受け、又は精神障害者の社会復帰の促進を図ることを目的とする施設を利用している者の社会復帰に関する相談に応じ、助言、指導、日常生活への適応のための必要な訓練その他の援助を行うこと」とされている。なお、2010（平成22）年12月の精神保健福祉士法改正（2012［平成24］年4月施行）では精神保健福祉士の定義が見直され、地域相談支援の利用に関する相談に応じることが加えられ、精神保健福祉士は、精神障害者の地域生活支援の役割を担うことが法律上も明確化された。社団法人日本精神保健福祉士協会が作成した構成員の所属別割合では、病院・診療所に所属する精神保健福祉士が構成員の48％を占め、医療機関に所属している精神保健福祉士が約半数という特徴がある。その他、社会復帰施設、教育・研究機関、行政機関等に所属している。

（2）精神保健福祉士との連携の意義

　精神保健福祉士は社会福祉士同様、社会福祉学を基盤にソーシャルワークを展開する専門職である。精神保健福祉士法第41条第1項には「精神保健福祉士は、その業務を行うに当たっては、医師その他の医療関係者との連携を保たなければならない」とされ、疾患と障害を併せもつという精神障害の特性からも医療関係者との連携が重視されていた。2010（平成22）年12月の精神保健福祉士法改正（2012［平成24］年4月施行）ではさらに、医療関係者のみならず、保健医療サービス、障害福祉サービス、地域相談支援に関するサービス等の関係者との連携保持も加えられている。

　精神保健福祉分野では、2004（平成16）年の「精神保健医療福祉の改革ビジョン」、2009（平成21）年の「精神保健医療福祉の更なる改革に向けて」でも強調される、約33万床といわれる精神病床の削減と、約7万人といわれている社会的入院者の解消が課題となっている。精神保健福祉士の地域生活支援とそのための連携の明確化が法律上もなされたことは、長年にわたり精神科病院で生活してきた精神障害者のさらなる地域移行、地域定着の支援が求められているといえる。社会的入院者は、長期入院生活で生活障害を多く抱えており、地域生活を送るには、医療機関の支援のみならず、行政機関、障害福祉サービス、ボランティアや家族などとのネットワークでの支援が必要となる。精神保健福祉士はそのネットワークのコーディネーターとして機能することが求められる。社会福祉士はそのネットワークを担う一員として精神保健福祉士と協働して参加していかなければならない。

　また、障害者や家族がさまざまな精神疾患やこころの問題を抱えることも多くなっている。そのときの適切な治療への導入や、社会福祉士への助言などのコンサルテーションについても、精神保健福祉士との連携のもと適切な支援が行えるようにしなければならない。

精神保健医療福祉の改革ビジョン、精神保健医療福祉の更なる改革に向けて

「入院医療中心から地域生活中心へ」という基本方針のもとに、今後10年間で、①精神疾患に対する国民意識の改革、②精神科救急、リハビリテーション、機能分化といった精神医療改革、③地域生活支援の強化を大きな柱とした。そのことにより今後10年間で約7万床の病床数削減を図るという達成目標を挙げた。改革ビジョンは前期5か年の見直しが定められ、2009（平成21）年に「精神保健医療福祉の更なる改革に向けて」では後期5か年で精神保健医療体系の再構築、精神医療の質の向上、地域生活支援体制の強化、普及啓発の重点的実施を柱と位置づけ、また具体的な改革の目標値を設定した。

4 障害程度区分判定時における連携

　第4章で述べたように障害者自立支援法における障害福祉サービスの利用には，障害程度区分の認定を受ける必要がある。障害程度区分判定のプロセスではサービスを受けようとする障害者本人や家族の思い，抱える問題を受け止め，適切なサービスを受けることができるようにしていかなければならない。そのためには，形式的な手順になるのではなく，申請から障害程度区分判定，支給開始に至るプロセスでかかわるさまざまな専門職がそれぞれの場面で連携していくことが必要である。ここでは障害程度区分が認定されるまでのプロセスをたどりながら，その場面における連携について述べていく。

(1) 相談・申請

　相談・申請は市町村窓口や市町村から委託を受けた指定相談支援事業所で行われる。障害者や家族が申請窓口にアクセスし，申請していくまでのプロセスで多職種連携が求められる。社会福祉士は，生活ニーズを抱える障害者，障害福祉サービス利用を希望する障害者・家族に対し，その思いや生活問題，ストレングスなどからニーズを把握し，障害福祉サービスの利用申請に係る情報について，本人・家族の了解のもと，事前に指定相談支援事業所に伝えておくなどきめ細かい連絡調整を図り，一方的な紹介になってしまわないように留意する。指定相談支援事業所も，日常的にかかわりのある社会福祉士からの情報提供や，情報共有をもとに，申請にかかわる業務を行っていくことが求められる。

> **ストレングス視点**
> 　人の弱さや欠陥に焦点をあてる医学モデルに対する批判として生まれた視点。クライエントのもつ豊かな能力，成長への可能性などよい点に焦点を当て，ワーカーはクライエントの強さを引き出すために，彼らの説明，経験などの解釈に関心をもってかかわる。

(2) 障害程度区分認定調査・概況調査

　介護給付を希望する場合，申請を受けた市町村は，認定調査員を派遣して本人および保護者等と面接し，106項目からなる心身の状態等に関する認定調査を実施する。概況調査は，認定調査に合わせて，本人および家族等の状況や，現在のサービス，介護状況，居住関連状況などについて詳しく聴取していく。ただし，本人のみの聴取にとどまらず調査対象者である障害者の日常状況を把握している施設・機関のソーシャルワーカー等に立ち会いを求め，適切な情報を把握する必要がある。また，当日の本人の精神状況などにより適切な調査が行えないことも考えられるため，状況に応じて，本人の日常を把握している施設・機関のソーシャルワーカーと連携し情報を聞くなどして，できる限り正確な調査となるよう努めなければならない。

(3) 医師意見書

　医師意見書は，疾病，身体の障害内容，精神の状況，介護に関する所見などについて，医学的見地から主治医等に意見を求める。この資料は二次判定にお

いて補足的資料として活用される。医師意見書については，社会福祉士等からも医師に依頼すること，可能な限りその医療機関の医療ソーシャルワーカーと連携をとることも望ましい。また，市町村審査会資料となるため，難解な専門用語をできるだけ避けた，分かりやすい表現の意見書を依頼する。

(4) 一次判定

認定調査の結果をコンピューター入力し，判定を行うが，認定調査票と医師意見書の矛盾点が生じる場合がある。認定調査員と医師の両者の意見を聞き，整合性が保てるように連携しながら情報収集することが求められる。

(5) 二次判定

二次判定は市町村審査会で行われる。市町村審査会は，障害保健福祉に関する学識経験者等で構成され，介護給付に係る障害程度区分認定に関する審査および判定，市町村の支給要否決定に意見を述べることを業務とする。市町村審査会がその目的を果たすためには，市町村と審査会委員長，審査会委員が審査会の目的を共有し綿密な連携がとれていなければならない。さらには，事前の資料配布による情報共有，それぞれの専門性や経験に基づく活発な議論を通して申請した障害者本人の個別性を尊重しながら審査会を進めていかなければならない。また，審査結果が偏りのないものとし公平性・中立性を保つためには，審査会としての連帯感を醸成し成熟度を増していくことが求められるが，そのことは市町村，審査会委員長，審査会委員の連携により可能となる。

(6) 審査請求

市町村が決定した障害程度区分認定に不服がある場合は，都道府県が設置する障害者介護給付費等不服審査会に審査請求することができる。審査請求は，障害者本人，障害児の保護者が行うが，その際の支援も必要となる。また，申請する障害者や障害児の保護者がかかわる専門職間での意見交換を行い，権利としての審査請求をバックアップできるネットワークを形成しておくことが望まれる。

5　サービス利用時における連携

サービス支給が決定し，サービス利用が開始される際には，さまざまな職種がかかわる。地域生活を支えていくために活用されるサービスは，単一の機関や組織が提供するサービスでは不可能で，複数の機関がかかわることになり，実際にサービス提供に従事する専門職も多岐にわたる。そのため，サービス利用時にさまざまな機関に所属する多職種が，情報，アセスメント，プランニン

グ，支援目標を共有しなければならない。支援が開始されていくと，それぞれの支援場面で出てくる新たな課題や，障害者の生活の変化にともなう支援の変更などにも柔軟に対処していく必要がある。複数の機関や多職種でかかわるということは，そのかかわる多職種がチームとして連携していることが前提に挙げられる。この節ではサービス利用時におけるサービス担当者会議を取り上げ，その取り組みの方法について述べる。

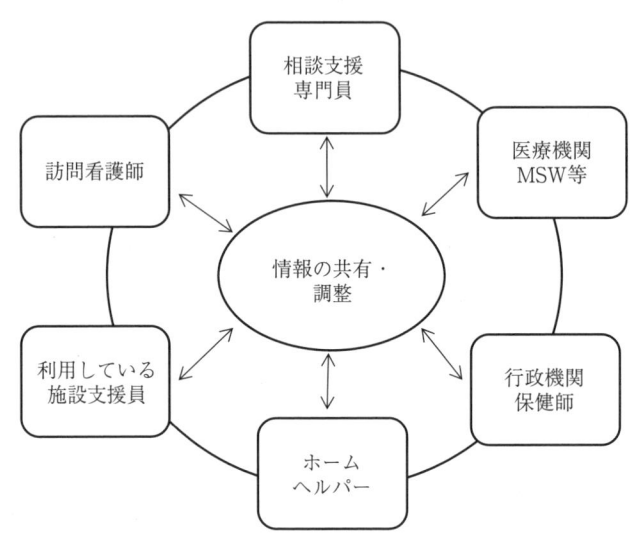

図表8−1　サービス担当者会議における情報共有のイメージ

(中心：情報の共有・調整／周辺：相談支援専門員，医療機関MSW等，行政機関保健師，ホームヘルパー，利用している施設支援員，訪問看護師)

(1) サービス担当者会議とは

　複数の機関や多職種がかかわる場合，物理的問題，関係性の問題などで情報共有の点でタイムラグや情報共有の不徹底が生じてしまう。同じ事業所でないこと，事業所間や職種間の信頼関係が構築できていないことは，情報共有の困難さへとつながり，結局は事業所ごと，職種ごとにもつ情報をもとに，それぞれの視点や技術からの分断された支援になってしまう。そのため，障害者にかかわる機関や職種が，包括的にかかわることができるネットワーク形成とそのための情報や支援目標の共有，モニタリングといったいわばケースの共有の機会としてのサービス担当者会議が必要となる。断片的なかかわりのなかの狭い理解から，あらたな側面への気付きへとつながり，支援の幅をひろげることにサービス担当者会議の意義がある。

(2) サービス担当者会議の目的

　サービス担当者会議は，情報収集，アセスメント，プランニング，モニタリングの過程のなかでいかに情報や支援を共有していくかが大きな目的となる。サービス担当者会議の具体的目標として，①事例の深化と多様な視点の形成，

②支援の振り返りと方向性の確認を通した支援の質の向上，③ネットワーク形成とその応用，④連携を通した支援観の形成，⑤援助者の研修や養成・成長の機会などがあげられる。

(3) サービス担当者会議の方法

　サービス担当者会議を効率的かつ効果的に進めるためには，以下の点に留意しておくとよい。まず，事前の打ち合わせと配布資料の準備と事前配布が必要である。効果的なサービス担当者会議のためには，行き当たりばったりの会議ではなく，事前に中核となるメンバーで打ち合わせておくとよい。さらには案内や資料などを事前に配布しておくことは情報や検討課題の共有につながる。次に論点を絞ったプレゼンテーションが必要である。会議に参加すると長時間かけて何が伝えたかったのかが分からないようなプレゼンテーションに出会うこともあるが，その場合は往々にして会議自体が成功へと導かれない。事例の経過と問題点，検討ポイントをあらかじめ事例提供者は明確にしておく。次に自由な発言が可能な雰囲気づくりが必要である。声の大きい参加者がいれば，その発言に会議自体が支配されてしまい，自由で柔軟な発想のもとで話し合いが進まない。また，少数意見であってもそれは重要な意見として尊重し，検討材料とすべきである。さらに，会議の運営として全体を通したタイムキープが求められる。それぞれが多忙な中で時間を割いてきているため，全体のタイムキープにより効率的な話し合いをしていくことが必要であろう。最後に，成果の共有である。話し合われたこと，課題，収集すべき情報などについて，その場もしくは後日配布し，参加者が成果を共有できることが大切である。さらには，会議を通して，それぞれが支援を頑張っているというねぎらいの言葉，そしてこれからも連携して支援にあたっていくという姿勢の確認は，困難ケースに立ち向かう勇気を支援者に与えるだろう。

(4) サービス担当者会議における連携の留意点

　複数機関，多職種の集まりであるが故に留意しなければならないのが，個人情報保護である。通常，支援ネットワークで守秘義務を担い，ネットワークを構成する専門職は法的にも守秘義務を課せられているものの，情報開示は本人の承諾を得たうえで，支援に必要な部分の開示にとどめておく。また，インフォーマルな社会資源として，家族，ボランティアスタッフ，近隣住民などが参加する場合には，法的な守秘義務は課せられないため，情報の開示には細心の注意が必要である。

　またサービス担当者会議に障害者本人やその家族など，支援対象者が参加することは，支援過程への当事者参加という観点からも意義深いことである。しかし，対象者と支援者の間での遠慮があったり，互いが発言しにくかったりと

いうことであれば，サービス担当者会議への参加の目的からそれることとなる。障害者本人や家族が参加する場合は，参加しやすい体制作りや配慮が求められる。

6 労働関係機関関係者・教育機関関係者との連携

　障害者が地域生活を送るということは，ただ単に地域に居住の場所を構えるということにとどまらず，本人の社会参加を通しての自己実現を見据えたものに他ならない。その自己実現と社会参加の手段として，就労や就学という道を選ぶ障害者も少なくない。しかし，障害者の就労や就学は障害に対する誤解・偏見・差別を背景に現実は未だ難しい問題である。就労や就学への関係機関とその役割については，第6章で述べているため，ここでは，労働関係機関関係者・教育関係者との連携を中心に述べる。

(1) 労働関係機関関係者との連携

　障害者が働こうとするときは，一般事業所への就労をめざす一般就労と，就労支援施設等で各種生産活動に従事するという福祉的就労の2つに大きく分けられる。もちろん福祉的就労から一般就労への移行も十分可能である。就労を希望する場合，まず就労訓練を経ていくことも多い。障害者自立支援法に定められる就労移行支援，就労継続支援A型・B型，障害者雇用施策や地域障害者職業センターの職場指導などを活用し，障害者本人の就労に関する能力開発と動機形成を図っていく。その際に，就労訓練のための事業を運営する機関・施設の専門職と連携をとりながら支援をしていく必要がある。具体的には，障害者本人の状況を共有し，就労に向けてどのような支援が必要かを協議しながら進めていくことが求められる。

　求職や就職後にも連携が必要となる。求職段階では，公共職業安定所の障害者雇用窓口との連携のもと，求職情報等の提供等が求められる。また一般就労での就労については，企業側の担当者，援助付き雇用の場合にはジョブコーチとも緊密な連携をとり，スムーズな職場への適応と職場定着を支援していかなければならない。職場での仕事内容の問題，人間関係の問題などが起きた場合も，障害者の就労に関わる職種の連携により，障害者が主体的にその問題に取り組めるよう支援していかなければならない。

(2) 教育関係者との連携

　教育関係者と関わる場面としては，障害児の就学，発達障害等学童期に表面化する障害に関する支援，中途障害を抱えた児童・生徒の復学や就学の支援，障害児の高等教育機関への就学，障害者の就学などがある。いずれにおいても，

それぞれの教育機関の教員をはじめとする関係者との連携のもと，障害の有無にかかわらず教育を受ける権利を保障していくことが求められる。近年では，スクールカウンセラーの配置も進み，スクールソーシャルワーカーも配置が始まっている地域もある。大学等の高等教育機関においては，障害学生を支援する部署も設置され，専門のカウンセラーを配置しているところもある。教育機関に所属する対人専門職との連携も今後の取り組みとして必要である。さらには，教育問題での保護者支援についても教育関係者との連携で取り組んでいかなければならない。

7 連携の課題

最後に多職種連携，ネットワーキングの課題を述べる。連携は複数機関，多職種で行われるものであるが，各々の専門性からの役割をもっているため，その専門分野からのアプローチが中心となる。しかし，専門分化しすぎてしまえば，連携としての横のつながりは断たれてしまう。連携，ネットワーキングを語る際に「協働」という言葉が多く使われる。これは共有されたひとつの目標を達成するために，それぞれの専門職が専門的力量を発揮し合う意味であるが，これは専門分化されすぎない，緩やかな横のつながりがあってこそ可能となる。実践現場においては，「他機関への紹介・送致」に視点がおかれ，問題とそのケースを他機関にいわば丸投げしてしまうような状況がおきてしまうこともある。これも専門分化しすぎた分断された連携の例であろう。障害者本人を絶えずネットワークの中心にすえ，専門的力量をもちつつ，互いの職域や専門性が重なり合いながら，一人の障害者の生活を支えていくことが連携の本質であるといえる。社会福祉士は一人の支援者であるとともに，そのネットワークにおける複数機関，多職種の重なり合いをコーディネートする役割を担うことを強調しておきたい。

> **スクールソーシャルワーカー**
> スクールソーシャルワーカーは，学校など教育機関をフィールドにしたソーシャルワーカーのことである。児童・生徒に関わるいじめ，不登校，暴力行為，児童虐待などの問題に対しソーシャルワークの視点から児童・生徒と環境との交互作用に焦点を当て支援を展開する。わが国では各自治体独自の取り組みとして活動が始まり，2008（平成20）年より文部科学省「スクールソーシャルワーカー活用事業」が実施されている。

参考文献
岩間伸之『援助を深める事例研究の方法—対人援助のためのケースカンファレンス』ミネルヴァ書房，1999年
坂本洋一『図説よくわかる障害者自立支援法 第2版』中央法規，2008年
障害者福祉研究会監修『障害者自立支援法障害程度区分認定ハンドブック』中央法規，2006年
野中猛・高室成幸・上原久『ケア会議の技術』中央法規，2007年

> **プロムナード**
>
> 　多職種連携，チームアプローチ，ネットワーク形成の必要性について，「でも現実は難しくて…」という声も他方で聞こえてくるものです。連携やネットワークが，無責任なケースの押し付け合いになる場合もあります。「必要だと思うけど，忙しくて連携はできない」という現場職員のジレンマも聞こえてきます。私は精神科医療機関の精神保健福祉士であったとき，最高のチームに出会いました。互いの職種の専門性を尊重し，意見を言い合える，業務の合間の短い時間でもミニカンファレンスを行うことができる，時にぶつかることもありましたが，それぞれの職種が支援に真剣だからこそのぶつかり合いでした。
> 　支援者が質の高い支援を展開していくうえで最も大切なことは「自分一人で抱え込まないこと」です。さまざまな機関や職種と一緒に支援するという思いを大切に，「忙しいからこそ，大変だからこそ連携する」という視点をもちましょう。そして，互いの専門機関・専門職の専門性を尊重し，「押し付け合い」ではなく「重なり合い」を重視した丁寧な連携を展開していくことを心がけたいですね。

学びを深めるために

野中猛・高室成幸・上原久『ケア会議の技術』中央法規，2007年
　　効果的なケア会議を進めるための技術を中心に，実践に即して分かりやすく解説されている。特に後半の事例編では，さまざまな分野でのケア会議を取り上げ，臨場感あふれるケア会議の様子からケア会議の実際をイメージできる。

- 多職種連携における社会福祉士の役割について考えてみましょう。
- ネットワークが地域福祉を向上させることの意味を考えてみましょう。

福祉の仕事に関する案内書

大野更紗『困ってるひと』ポプラ社，2011年
斉藤道雄『治りませんように　べてるの家のいま』みすず書房，2010年

第 9 章

相談支援事業所の役割と実際

第9章 相談支援事業所の役割と実際

1 相談支援事業所の組織体系

(1) 相談支援とは

> **相談支援事業所**
> 相談支援事業所とは，障害者が福祉サービスを利用するための援助，権利擁護のために必要な援助や専門機関の紹介など，障害者が自立した日常生活や社会生活を営むことができるような支援や創作活動，ボランティア育成，地域の啓発活動などを行っている施設のことである。

　障害のある人が，地域において日常生活を継続するには，多様なニーズに注目し，きめ細かく対応する必要がある。障害のある人，あるいはその家族からの相談に応じ，それぞれの問題について情報の提供や助言を行い，必要な障害福祉サービス等につなげていくことは大切なことであり，これらの積み重ねが，ひいては個人の尊厳と社会，経済，文化活動への参加の機会の保障へとつながる。これは障害者基本法の基本的理念である。

　身近な相談のなかにニーズは埋もれている。そして，そのニーズは，ライフサイクルの進展にともなって常に変化していく。障害者の地域生活の質とその安定性は，このニーズの変化に適切に対応した支援の在り方に左右されるといえる。このような，障害者のニーズに即した適切な支援をトータルにコーディネートする役割を担うのが，相談支援事業である。相談支援は，障害者自立支援法により，地域生活支援事業のなかに位置づけられ，制度として導入された（図表9-1）。

　障害者自立支援法は，第5条17項において，相談支援について明文化している。同法によると，「相談支援」とは，次に掲げる便宜の供与のすべてを行うことをいい，「相談支援事業」とは，相談支援を行う事業をいう。

① 地域の障害者等の福祉に関する各般の問題につき，障害者等，障害児の保護者又は障害者等の介護を行う者からの相談に応じ，必要な情報の提供及び助言を行い，併せてこれらの者と市町村及び第29条第2項に規定する指定

図表9-1　相談支援事業はなぜ重要か

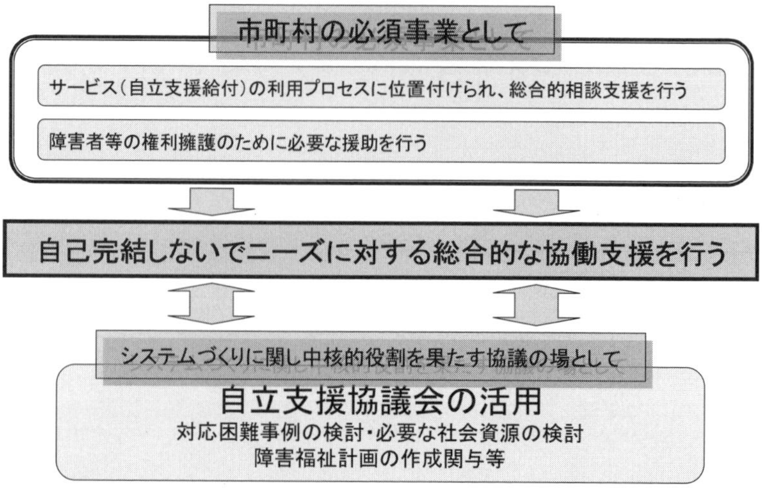

```
            市町村の必須事業として
┌─────────────────────────────────────┐
│ サービス（自立支援給付）の利用プロセスに位置付けられ，総合的相談支援を行う │
│ 障害者等の権利擁護のために必要な援助を行う                          │
└─────────────────────────────────────┘
                    ↓
      自己完結しないでニーズに対する総合的な協働支援を行う
                    ↕
         システムづくりに関し中核的役割を果たす協議の場として
                自立支援協議会の活用
          対応困難事例の検討・必要な社会資源の検討
                障害福祉計画の作成関与等
```

出所）厚生労働省社会・援護局障害保健福祉部「障害者自立支援法における相談支援事業の概要について―障害のある人が自分らしく生きてゆくために―地域づくりの新しい段階」2006年，p.19

障害福祉サービス事業者等との連絡調整その他の厚生労働省令で定める便宜を総合的に供与すること。

② 第19条第1項の規定により同項に規定する支給決定を受けた障害者又は障害児の保護者（以下「支給決定障害者等」という）が障害福祉サービスを適切に利用することができるよう，当該支給決定障害者等の依頼を受けて，当該支給決定に係る障害者等の心身の状況，その置かれている環境，障害福祉サービスの利用に関する意向その他の事情を勘案し，利用する障害福祉サービスの種類及び内容，これを担当する者その他の厚生労働省令で定める事項を定めた計画（以下この本稿において「サービス利用計画」という）を作成するとともに，当該サービス利用計画に基づく障害福祉サービスの提供が確保されるよう，第29条2項に規定する指定障害福祉サービス事業者等その他の者との連絡調整その他の便宜を供与すること。

相談支援事業の責務は，市民にとって最も身近な基礎自治体である市町村が担っている。障害者に身近な市町村において，この相談支援体制が構築され充実していくことによって，障害者の地域生活はより安定し，その継続性が担保されることになる。

(2) 相談支援の体制

相談支援事業とは，障害者自立支援法に基づく地域生活支援事業のなかのひとつである。地域の実情に応じて柔軟に実施されることが好ましい各般の事業については，地域生活支援事業として障害者自立支援法第3章［地域生活支援事業］で法定化され（第77条1項，第78条），各市町村単位で着手するよう義務づけられた必須事業である。

相談支援について，市町村は，障害のある人が，障害福祉サービスその他のサービスを利用しつつ，その有する能力及び適性に応じ，自立した日常生活又は社会生活を営むことができるよう，地域の障害者等の福祉に関する各般の問題につき，障害者等，障害児の保護者又は障害者等の介護を行う者からの相談に応じ，必要な情報の提供及び助言その他の厚生労働省令で定める便宜を供与するとともに，障害者等に対する虐待の防止及びその早期発見のための関係機関との連絡調整その他の障害者等の権利の擁護のために必要な援助を行う事業を推進しなくてはならない。

地域生活支援事業は，市町村地域生活支援事業と，都道府県地域生活支援事業とに分けられる（図表9-2）。

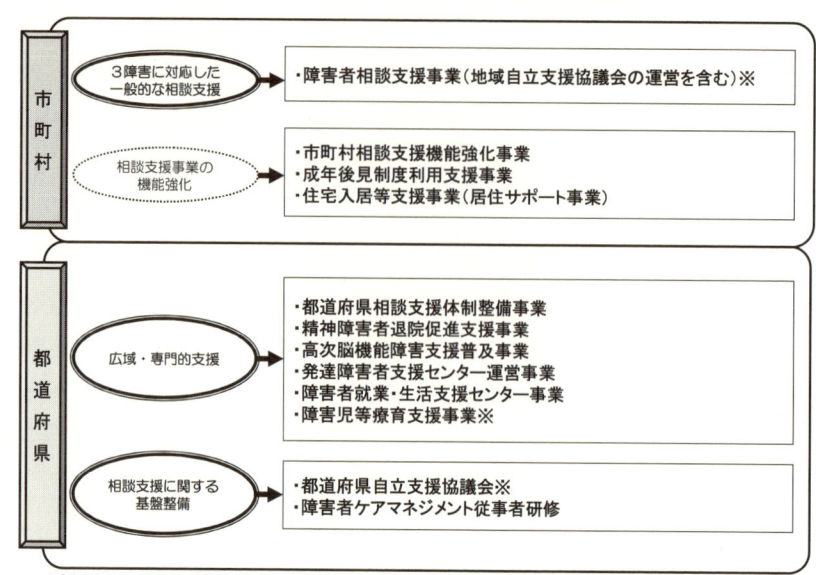

図表9−2 地域生活支援における相談支援事業

市町村
- 3障害に対応した一般的な相談支援
  - ・障害者相談支援事業（地域自立支援協議会の運営を含む）※
- 相談支援事業の機能強化
  - ・市町村相談支援機能強化事業
  - ・成年後見制度利用支援事業
  - ・住宅入居等支援事業（居住サポート事業）

都道府県
- 広域・専門的支援
  - ・都道府県相談支援体制整備事業
  - ・精神障害者退院促進支援事業
  - ・高次脳機能障害支援普及事業
  - ・発達障害者支援センター運営事業
  - ・障害者就業・生活支援センター事業
  - ・障害児等療育支援事業※
- 相談支援に関する基盤整備
  - ・都道府県自立支援協議会※
  - ・障害者ケアマネジメント従事者研修

※「障害者相談支援事業」、「都道府県自立支援協議会」は相談支援の基礎的な事業であること、「障害児等療育支援事業」は都道府県等の事務として同化・定着している事業であることから、財源は交付税により措置。

出所）図表9−1に同じ、p.25

　市町村が取り組むべき市町村地域生活支援事業は，上記の相談支援のほか，関係機関との連絡調整，権利擁護を行う（第77条1項1号）。

　聴覚，言語機能，音声機能その他の障害のため意思疎通を図ることに支障がある障害者等その他の日常生活を営むのに支障がある障害者等については，手話通訳等のコミュニケーション支援，日常生活用具の給付又は貸与を行わなくてはならない（第77条1項2号）。

　移動支援事業は法定化され（第77条1項3号），市町村は，障害のある人が地域生活支援センター等の施設に通い，創作的活動又は生産活動ができるようにその機会を提供し，社会との交流促進等を促し，その他の便宜を供与する事業に取り組まなくてはならない（第77条1項4号）。

　他に，居住支援事業，その他の日常生活又は社会生活支援事業（第77条3項）の各事業がある。

　都道府県地域生活支援事業は，特に専門性の高い相談支援事業や，その他の広域的な対応が必要な事業として厚生労働省令で定める事業（第78条1項）を，都道府県が地域生活支援事業として行うものをいう。障害福祉サービス又は相談支援の質の向上のために障害福祉サービス若しくは相談支援を提供する者，又はこれらの者に対し必要な指導を行う者を育成する事業，その他障害のある人がその有する能力及び適性に応じ，自立した日常生活又は社会生活を営むために必要な事業を行うことができる（第78条2項）。

　相談支援事業は，地域で生活する障害者や介護者，家族等からの福祉に関するさまざまな相談に対応し，必要な情報を提供したり，助言することにより，

サービスの利用援助や権利擁護のために必要な支援などを行うとともに，虐待の防止及びその早期発見のために関係機関との連絡調整その他の障害者等の権利擁護のために必要な援助を行うものとされている。障害のある人が，自立した日常生活，社会生活を営むことができるように，個々の事例の背景を多角的に見据え，身近に支援するものである。

　相談支援は基本的な相談支援を行いつつ，サービス等利用計画を作成（サービス利用支援）し，モニタリング（継続サービス利用支援）を行う指定特定相談支援事業と，同じく基本的な相談支援に加えて，入所・入院から地域移行に向けた支援（地域生活準備のための外出への同行・入居支援等）を行うとともに，地域で生活している単身の障害者や生活上の課題を抱える者に，連絡体制の確保や緊急時の相談やその他の便宜供与を行い，地域生活の定着を図る指定一般相談支援事業に区分される。

　特定相談支援事業（サービス等利用計画作成等）について，これまでは単身で自ら福祉サービスの利用等の調整が難しい者など対象が限定的であった。また，障害福祉サービスの支給決定を受けた後に作成する取扱いとなっていたため，活用がしにくくほとんど計画作成の利用がなく，使い勝手のわるい実態があったが，2012（平成24）年度から支給決定前に計画案を作成し，それを基に支給決定し，最終的な決定内容に沿って計画を作成するシステムとなり，対象者も原則，利用者全体に拡大されることとなる。

　国の考え方では，3年程度で全員の計画作成となるよう段階的に行うとあり[1]，また，作成責任者である相談支援専門員1人当たりの作成件数には限りがあるので，今後は，各市町村では，利用するサービスの種別や市町村による指定特定相談支援事業者の実数状況などを踏まえて，年度ごとの必要量の算定が求められる。

(3) 相談支援事業所とは

　相談支援事業所とは，障害者や障害児の保護者等からの相談に応じ，情報提供，連絡調整を行ったり，障害のある人の意向を勘案したうえでサービス利用計画を作成し，事業者等や行政等の関係連絡部署との連絡調整を行う機関である。相談支援事業所という呼称は，障害者自立支援法第5条17項に規定されている相談支援事業を行う事業所のことをいう。「障害者自立支援法に基づく指定相談支援の事業の人員及び運営に関する基準」（平成22年12月10日改正厚生労働省令第123号）にも指定相談支援事業所として規定がある。

　相談支援事業所は，障害のある人が福祉サービスを利用するための援助，権利擁護のために必要な援助や専門機関の紹介など，障害者が自立した日常生活や社会生活を営むことができるような支援や創作活動，ボランティア育成，地域の啓発活動などを行っている施設である。

相談支援事業は，市町村によって実施される市町村地域生活支援事業のひとつであるが，運営については，常勤の相談支援専門員が配置されている指定相談支援事業者への委託ができる。市町村は，相談支援事業や支給決定のためのアセスメント等について，指定相談支援事業者に委託することにより相談支援体制の確保に努める。

都道府県知事は，申請により，事業所ごとに，相談支援事業者を指定する。指定相談支援事業者は，個別給付の対象として，サービス利用計画作成，サービス事業者との連絡調整等の支援を行う。

指定相談支援事業者の指定は，6年ごとに更新しなければ，効力を失う。

相談支援事業所は，都道府県の指定をうけて，障害のある人が障害福祉サービスを利用するための，サービス利用計画を作成，利用の調整，定期的なモニタリング（計画の見直し）を行う。

相談支援事業は市町村の必須事業であるが，相談支援事業所に委託することにより，障害者の福祉に関する相談に応じて必要な情報を提供して助言を行うことができ，市町村と相談支援事業所は連携して，障害者の相談支援を行うことで，相談支援体制をより強めることができる。

相談支援事業所では，日常生活上の相談，福祉サービスの利用相談，生活力を高めるための相談，就労の相談，住居の相談，権利擁護の相談，ピアカウンセリングなどの相談が可能である。

相談支援事業は，都道府県の指定を受けた指定相談支援事業者が担うことになっているが，市町村から委託を受けた委託相談支援事業者と，委託を受けていない相談支援事業者に分けられる。

委託相談支援事業者は，障害の種別や年齢を超えた総合的な相談支援，サービス利用計画作成費事業，支給決定に係るアセスメント，サービス利用以降の聴取等を行うことができるとされている。

委託を受けていない相談支援事業者は，支給決定に係るアセスメントやサービス利用意向の聴取，市町村相談支援機能強化事業における専門職員による総合的な相談支援を行うことはできないとされている。

(4) 相談支援事業所の役割

相談支援事業は，地域で生活する障害者や介護者，家族等からの福祉に関するさまざまな相談に対応し，必要な情報を提供したり，助言することにより，サービスの利用援助や権利擁護のために必要な支援などを行うとともに，虐待の防止及びその早期発見のために関係機関との連絡調整その他の障害者等の権利擁護のために必要な援助を行うものとされている。障害のある人が，自立した日常生活，社会生活を営むことができるように，個々の事例の背景を多角的に見据え，身近に支援するものである。

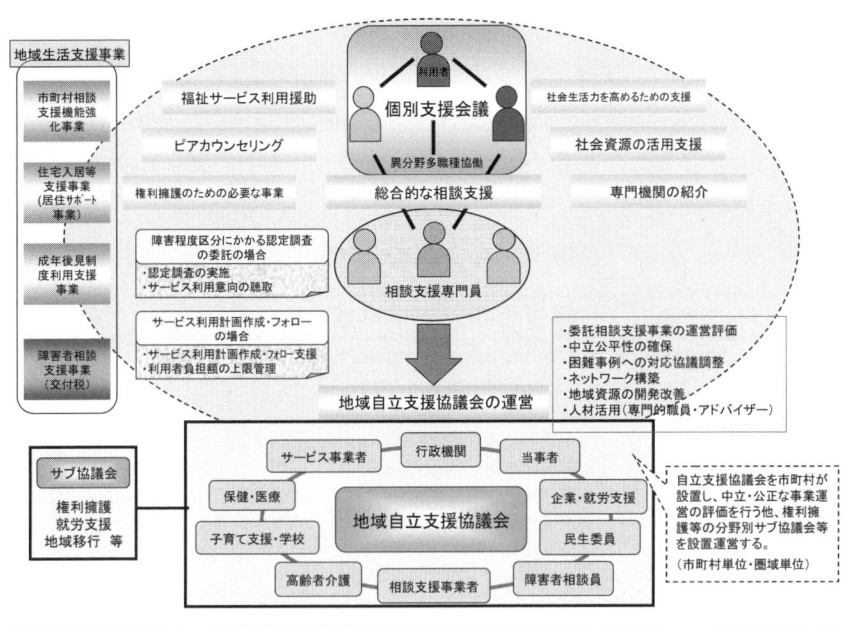

図表 9 - 3 障害者相談支援事業のイメージ

出所）厚生労働省社会・援護局障害保健福祉部「障害者に対する相談支援事業について」2008 年 1 月

　これまで障害福祉サービスの実施主体は，段階的に都道府県から市町村へ移行されてきたものの，身体障害は市町村が対応し，都道府県は，知的障害，精神障害を扱うというように，障害ごとに，体系も所轄も別々に推進されてきたため，利用者の混乱を来たしていた。しかし，障害者自立支援法では，障害をその種別ごとに分けず，市町村を身近な窓口として一元化することにより，サービス提供体制を統一し，その中心的な事業として相談支援事業が位置づけられた（図表 9 - 3）。市町村は利用者に，最も身近なサービス供給主体として，障害者自立支援法第 2 条 1 項における責務を有しており，その責任遂行が市町村の果たす最大の役割とされている。

　市町村職員のみで相談支援を提供することは困難であること，また，相談業務担当者が一人で抱え込むことで地域のニーズを関係所管で共有できず，適切な対応ができなくなることを避ける意味からも，指定相談支援事業者に委託することが可能となっている。職種や所管を超えて，行政，事業者，市民と協働して相談支援に当たることにより，地域の福祉サービスの質を高めていく観点からも，行政による委託を可能としている。

　広域自治体である都道府県，基礎自治体である市町村ともに，相談支援事業者への委託を視野に入れ，多様な支援方法を想定して相談支援体制の充実を図らなくてはならない。障害者自立支援法においては，相談支援事業を市町村に一元化することとしているが，直ちに，市町村では十分な体制を確保できない

場合も想定されることから、都道府県は積極的に支援を行う。

市町村が行うべきものとして、地域の事情により、現段階では、十分確保できない場合における支援、専門的職員（精神保健福祉士等）の配置、居住サポート、成年後見制度利用支援、地域自立支援協議会の運営等がある。

広域・専門にわたる支援障害や支援の特性にかんがみ、市町村域を超えた広

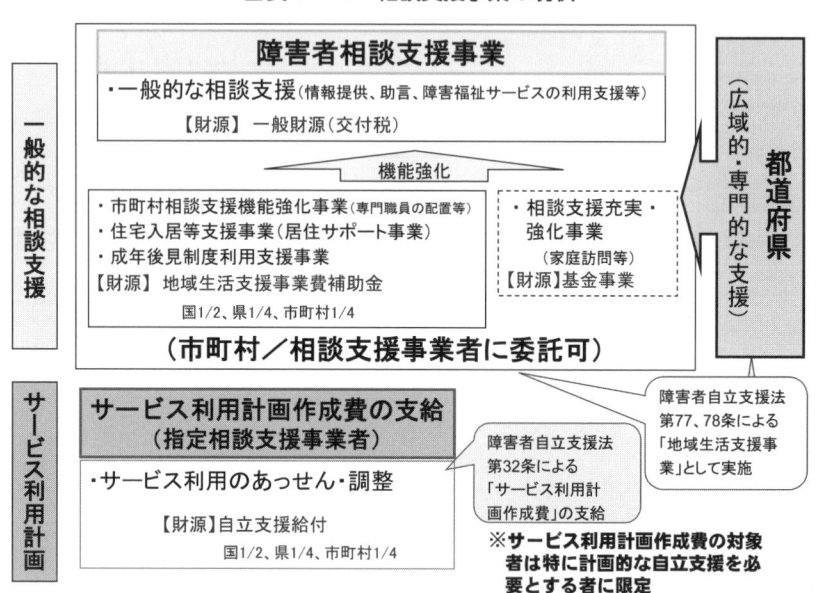

図表9－4　相談支援事業の現状

一般的な相談支援

障害者相談支援事業
・一般的な相談支援（情報提供、助言、障害福祉サービスの利用支援等）
【財源】一般財源（交付税）

機能強化

・市町村相談支援機能強化事業（専門職員の配置等）
・住宅入居等支援事業（居住サポート事業）
・成年後見制度利用支援事業
【財源】地域生活支援事業費補助金
国1/2、県1/4、市町村1/4

・相談支援充実・強化事業
（家庭訪問等）
【財源】基金事業

（市町村／相談支援事業者に委託可）

サービス利用計画

サービス利用計画作成費の支給
（指定相談支援事業者）
・サービス利用のあっせん・調整
【財源】自立支援給付
国1/2、県1/4、市町村1/4

都道府県（広域的・専門的な支援）

障害者自立支援法第77、78条による「地域生活支援事業」として実施

障害者自立支援法第32条による「サービス利用計画作成費」の支給

※サービス利用計画作成費の対象者は特に計画的な自立支援を必要とする者に限定

出所）厚生労働省社会・援護局障害保健福祉部「障害者自立支援法における相談支援事業の概要について」のなかの「全国厚生労働関係部局長会議（厚生分科会）資料」2011年1月21日付、p.13

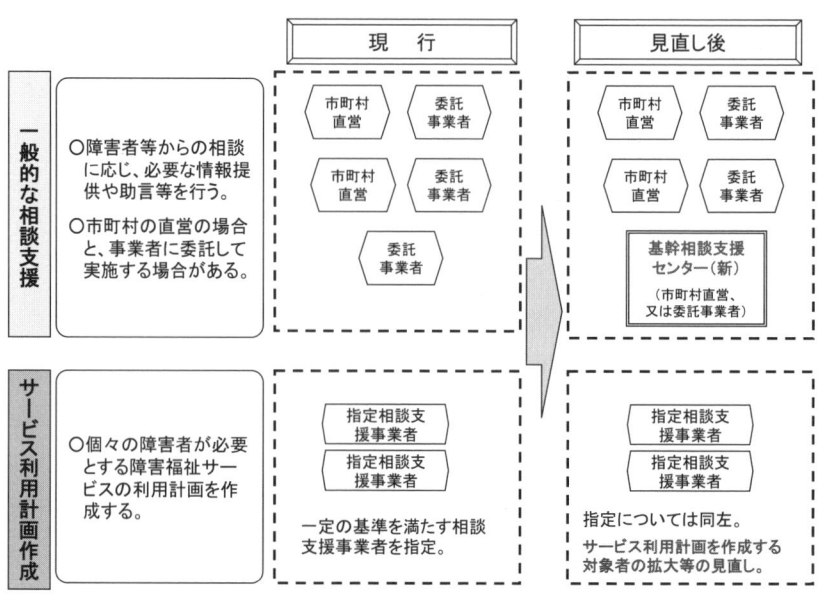

図表9－5　相談支援の見直しについて

		現行	見直し後
一般的な相談支援	○障害者等からの相談に応じ、必要な情報提供や助言等を行う。○市町村の直営の場合と、事業者に委託して実施する場合がある。	市町村直営／委託事業者　市町村直営／委託事業者　委託事業者	市町村直営／委託事業者　市町村直営／委託事業者　基幹相談支援センター（新）（市町村直営、又は委託事業者）
サービス利用計画作成	○個々の障害者が必要とする障害福祉サービスの利用計画を作成する。	指定相談支援事業者　指定相談支援事業者　一定の基準を満たす相談支援事業者を指定。	指定相談支援事業者　指定相談支援事業者　指定については同左。サービス利用計画を作成する対象者の拡大等の見直し。

出所）図表9－4に同じ、p.14

域で行うことが適当な支援としては，発達障害者支援，就労促進・生活支援，高次脳機能障害への支援，相談支援に関する基盤整備・圏域内の実態把握，評価，システムづくり，相談支援のスーパーバイズ（アドバイザー派遣），人材育成，広域的調整等がある。都道府県・市町村ともに，相談支援体制の拡充と地域のネットワークづくりの推進に着手しなくてはならない（図表9－4，9－5参照）。

(5) 自立支援協議会

　自立支援協議会とは，地域生活支援事業の市町村相談支援事業のなかに位置づけられ，協働と連携のための協議の場として障害者自立支援法で制度化された。障害者自立支援法は，ノーマライゼーションの理念に基づき，障害のある人が普通に暮らせる地域づくりをめざしている。その目的を具現化し，地域での福祉供給サービスを適切に行うために中核的協議の場として設置されるものである。各自治体により，地域自立支援協議会とも障害者自立支援協議会とも称され，呼称は一定していない。構成員は，行政，相談支援事業者，保健，学校，社会福祉法人，NPO等の関係従事者であり，職種を超えて幅広い分野の関係者により構成されている。自立支援協議会は障害のある人とない人が，ともに暮らすことのできる地域づくりのため，市民，事業者，行政が協働して取組みを進める際に中核的役割を担う機関である。

　個別支援のあり方に関する協議・調整，地域の社会資源の情報共有，自治体の各種計画・政策への提言，委託相談支援事業者の専門性の確保や運営評価等の機能を担っている。

図表9－6　自立支援協議会の目的・機能

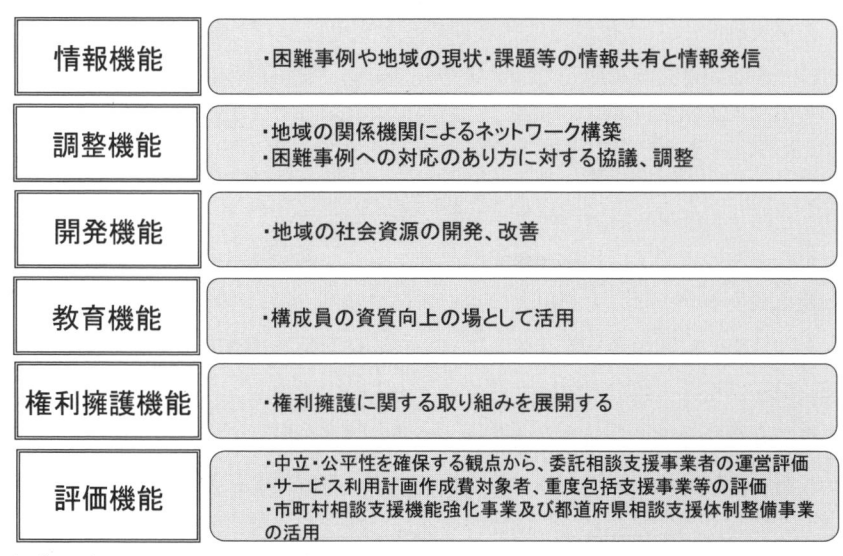

情報機能	・困難事例や地域の現状・課題等の情報共有と情報発信
調整機能	・地域の関係機関によるネットワーク構築 ・困難事例への対応のあり方に対する協議、調整
開発機能	・地域の社会資源の開発、改善
教育機能	・構成員の資質向上の場として活用
権利擁護機能	・権利擁護に関する取り組みを展開する
評価機能	・中立・公平性を確保する観点から、委託相談支援事業者の運営評価 ・サービス利用計画作成費対象者、重度包括支援事業等の評価 ・市町村相談支援機能強化事業及び都道府県相談支援体制整備事業の活用

出所）図表9－3に同じ

自立支援協議会の設置については，その法的根拠は，障害者自立支援法第5条17項における相談支援事業，第77条1項における「市町村の地域生活支援事業」等に規定があり，これらの法条文を踏まえ，「障害者自立支援法施行規則」第6条の11項において，「地域における障害福祉に関する関係者による連携及び支援の体制に関する協議を行うための会議の設置」として規定されていた。従来は，「障害者自立支援法施行規則」及び「平成18年厚生労働省告示第395号」が自立支援協議会の根拠規定であったが，平成22（2010）年12月の障害者自立支援法の改正により，平成24（2012）年4月に自立支援協議会が法定化され，実定法上の根拠をもつものとなる。各自治体は今後，障害福祉計画を策定する場合に，法定機関となる自立支援協議会からあらかじめ同協議会の意見を聞かねばならない。意見聴取が努力義務となること等，自立支援協議会の機能及び権限は拡充された。

2 相談支援事業所の活動の実際

（1）相談支援のフローチャート

障害者自立支援法では，地域生活支援事業において相談支援が位置づけられ，相談支援に携わるには，事業者は相談支援専門員を置かなくてはならない。

実際の相談支援では，具体的ニーズに気づき，寄り添うことが求められる。相談の流れとしては，次のようになる。

①相談を受け付け，②相談された問題を理解し，③利用者とともにアセスメントを経て支援目標を設定し，④その支援目標に向かうための具体的方法や動員する資源等に関する支援計画を立案し，⑤支援計画に沿って支援を実施し，⑥支援方法や内容が利用者のニーズに適合しているか否かのモニタリングを実施し，⑦支援目標に到達したことを確認し，支援を終結し，⑧定期的に，あるいは必要に応じて，アフターフォローをする。

支援は，常にモニタリングによって修正されたり，あるいは最新アセスメントによって支援計画自体が見直されるなど，この一連の流れは必要に応じて循環する流れとなることに注意する必要がある。

相談支援に従事する相談支援専門員は，この一連の相談支援の過程において，必要な制度やサービスを利用者のニーズにつなげ，関係機関や人びととの関わりを作り出し，利用者を支援するネットワークを地域に構築していく重要な役割を担う。相談支援専門員はコーディネーターでもある。

相談を受け付けてから，当該ケースの問題把握の段階では，障害者本人や家族，あるいは行政機関等から相談を受け，問題の理解に必要な情報を集め，問題を把握していくとともに，相談者と問題に関する理解を共有しつつ，パートナーシップを形成していくことがポイントとなる。

支援目標が確認されれば，必要な社会資源の調整を行う。相談支援専門員は，利用者のニーズや生活状況のアセスメントを通して，支援目標を計画にしていく。そして，この支援目標を達成するために必要な社会資源を，関係機関との連携を基に調整を行う。

　次に，チームによる具体的な支援の実践をめざし，利用者の支援に関わる専門職や家族・地域住民等が集まり，ケア会議やサービス調整会議等が開催され，利用者に関する情報や支援目標が共有され，具体的な支援計画についての検討が始まる。

　この支援計画の作成過程を通して，それぞれの支援関係者の役割と責任が分担され始めることになる。この段階では，利用者を中心として，その周りに支援者のネットワーク，いわば福祉コミュニティというものが形成され，支援に向けた動きが活発になっていく。支援関係者による支援が実践され始めても，必要に応じてケア会議やサービス調整会議が開催され，チームによって，支援内容の評価やニーズの再アセスメントなどが行われ，支援計画が繰り返し修正されたり，新たな社会資源や支援関係者が加わることもある。

　相談支援によるコーディネートは，このような段階を踏みながら進められるが，特にそれぞれの段階において重要なのは，関係する機関の担当者や支援者によって繰り返し開催されるケア会議（ケース・カンファレンス）である。利用者に関わる情報を共有することで，関係機関・職種の特性や支援機能の違いを相互で理解する。支援方針や支援計画の検討・立案をするうえで，職種を超えた連携で一連の作業を，ケア会議を通してチームで担うことによって，支援関係者それぞれが互いの支援機能を補い合うことができるし，連携意識を高めていくことができる。

　このような支援ネットワークは，地域の貴重な社会資源となり，相談支援事業のめざすところである。このような一人ひとりの利用者に対する支援ネットワークの構築が，地域における協働であり，地域福祉の力を底上げし，障害者を支える地域社会の創造につながる。

(2) 障害者福祉サービスを取り巻く現状と相談支援の提供体制

　2005（平成17）年10月，障害種別間でのサービス格差を解消し，障害のある人が地域で安心して暮らせる社会を実現するため，障害者施策を一元化し，障害の種別にかかわらず福祉サービスを共通の制度により提供することや，就労支援の強化を目的とした障害者自立支援法が制定された。翌年，2006（平成18）年4月には，障害者自立支援法のうち，サービスに対する利用者の原則1割負担や施設に対する報酬算定の月額制から日額制への変更等同法の一部が施行され，10月には新体系サービス，障害程度区分認定，地域生活支援事業などが始まり，全面的に施行された。

この間，国においては，利用者負担のあり方や事業運営上の課題など法施行後，寄せられた意見等を踏まえて，2007（平成19）年4月以降，所得階層ごとの利用者負担上限月額の見直しや世帯の取り扱いの見直しなど，数次にわたる利用者負担軽減措置の実施のほか，2008（平成20）年度に創設された障害者自立支援基金制度の実施と基金を活用した事業者の運営安定化，サービス基盤整備や新体系移行への支援，さらには地域移行の促進など円滑な制度運営に向けた事業展開を図ってきた。

　2006（平成18）年12月に障害のある人の基本的人権を促進・保護すること，固有の尊厳の尊重を促進することを目的とする「国連障害者の権利条約」が採択された。

　日本においても批准に向けた環境整備を行うべく，国は，平成21（2009）年12月8日，閣議決定により「障がい者制度改革推進本部」を設置した。同本部は，障害者権利条約の締結に必要な国内法の整備をはじめとするわが国の障害者制度の集中的な改革を行うため，内閣に設置されたものである。国においては，平成25（2013）年8月までの実施に向け，障害者自立支援法に代替する新たな障害者総合社会福祉法（仮称）の検討が進められている

　障がい者制度改革推進本部では，当事者や関係団体から選出した委員を含む障がい者制度改革推進会議等での意見聴取を行いながら，検討が重ねられている。すでに，障害の定義を幅広くとらえた障害者基本法の改正法や障害者虐待防止法が成立し，さらには障害者差別防止に関する法案の提出に向けた検討も進められている。

　また，採択時期がちょうど障害者自立支援法の施行時期とも重なり，同法施行後にさまざまな意見や課題が提起されたこともあって，2013（平成25）年8月までの障害者自立支援法に代わる障害者総合社会福祉法（仮称）実施に向けた検討も進められ，総合福祉部会から新法の骨格に関する提言がなされたところである。

　さらに，制度見直しまでの間の対応として改正された障害者自立支援法では，発達障害が精神障害に含まれることが法律上に明記され，その過程で改めて，高次脳機能障害が障害者自立支援法に基づく給付の対象であることが確認されるなど障害のある人やこれらの人を支える福祉制度を取り巻く状況はめまぐるしく変化している。

　障害のある人が，生活の場や生活のスタイルを自ら決定し，障害のない人と同様，地域社会の一員として当たり前に暮らしていけるよう，必要な社会資源の開発やサービス提供体制の確保を図る必要がある。そのためには，入院・入所からの地域生活への移行だけでなく，現に地域で生活している人が，引き続きさまざまな支援を受けながら地域生活を継続できるといった視点も必要となる。

複数の専門機関や事業者が連携して支援を行う場合や，支援が長期にわたって，時期に応じて支援の体制や支援計画を見直していく必要があるケースもあり，相談支援事業者の果たす役割は非常に大きなものがある。どんなに制度が整ったとしても，障害のある人は，複合的にさまざまな困難事情をともなっている場合が多く，適切なサービスが利用できるように，こうした相談支援体制の充実が不可欠である。

2010（平成22）年12月の障害者自立支援法の一部改正を踏まえて制定された整備法（図表9－7）の施行により，地域移行・地域定着支援の個別給付化，サービス等利用計画の対象が大幅に拡大されることから，各自治体では，指定相談支援事業者の確保に努めるとともに，委託による相談支援事業の拡充が図られることが見込まれる。

相談支援事業者の拡大や障害者虐待防止法の2012（平成24）年10月施行などによる権利擁護強化，あるいは必須化される成年後見利用支援制度の拡充に

図表9－7

「障害者自立支援法等の改正について
障がい者制度改革推進本部等における検討を踏まえて
障害保健福祉施策を見直すまでの間において
障害者等の地域生活を支援するための
関係法律の整備に関する法律」
（平成22年12月の障害者自立支援法一部改正を踏まえて制定された。
平成22年法律第71号。
以下、「整備法」と略称する）

相談支援体制の強化

市町村に基幹相談支援センターを設置
（課題）障害者の地域生活にとって相談支援は不可欠であるが、
　　　　市町村ごとに取組状況に差がある。
　　　　また、地域の支援体制づくりに重要な役割を果たす自立支援協議会
　　　　の位置付けが法律上不明確。
→地域における相談支援体制の強化を図るため中心となる総合的な相談支援センター
　（**基幹相談支援センター**）を市町村に設置。
→地域移行や地域定着についての相談支援の充実
　（地域移行支援・地域定着支援の個別給付化）。

相談支援の充実

相談支援体制の充実	地域相談支援及び計画相談支援に係る基準、報酬等の基本的な考え方の提示	地域相談支援及び計画相談支援に係る基準省令の公布
	基幹相談支援センターの役割等の基本的な考え方の提示	

資料）厚生労働省社会・援護局障害保健福祉部「全国厚生労働関係部局長会議（厚生分科会）資料」
2011年1月21日付より筆者作成

向けた取組みなどを踏まえて，基幹相談支援センター設置に向けた検討を行うなど相談支援体制の充実が図られる。

　障害者自立支援法に代わる新法づくりが論議されているなか，「障害者自立支援法等の一部を改正する法律案」が，2010年12月3日に成立した。

　このなかで，相談支援に関しては，「相談支援の充実」が目標とされ，基幹相談支援センターが設置されることとなった。地域において，相談支援に関する業務を総合的に行う中核的機関として新設される。この基幹相談支援センターの設置は，義務づけではなく，「市町村または，当該業務の実施の委託を受けた者が設置することができる」と任意規定となっている。市町村は，社会福祉法人やNPOなどに委託することができる。

　また，2012（平成24）年4月の相談支援事業の見直しにより，サービス利用計画作成等を行う特定相談支援事業と地域移行や地域定着支援を行う一般相談支援事業に区分される。

　従前は，サービス利用計画作成が，実態としては無かったところ，サービス利用計画作成対象者が原則全員に拡大されたことによって，特定相談支援事業者の確保が必要ではあるが，セルフケアプランの作成が可能となった。

　現在の相談支援事業者以外に訪問系の事業者の参入も見込まれることから，各自治体では，専門職の確保に係る研修その他の必要な情報の提供に努めなくてはならない。

　一方で，一般相談支援事業については，電話連絡体制の確保等を含む24時間支援体制や地域移行に向けた入所・入院中からの継続的支援を行う必要がある。また，移行後に福祉サービスを利用することも考慮すると特定相談支援事業の指定も併せもつことが期待される。そのため，委託による相談支援事業者の拡大など一般相談支援事業者の確保がよりいっそう，求められるであろう。

注）
1)「障害者制度改革の推進のための基本的方向（第1次意見）」平成22年6月7日　障がい者制度改革推進会議

参考文献
　厚生労働省編『厚生労働白書（平成22年版）』厚生労働省
　福祉士養成講座編集委員会編『社会保障論』中央法規，2010年
　「都内区市町村　障害者相談支援事業白書―区市町村障害福祉主管課　障害者相談支援事業に関するアンケート結果報告書」東京都社会福祉協議会，2008年

プロムナード

相談支援事業とは，なじみのない言葉かもしれませんが，障害者自立支援法に位置づけられた事業で，障害のある人が地域で自立した日常生活を営むうえで，必要不可欠のサービスです。相談したいこと，聞きたいことがあってもどこに行けば教えてくれるのか，何をどう聞いたら必要な情報が得られるのか，障害のある人はもちろん，家族にとっても大切なニーズです。

相談支援では，具体的には，障害者や家族等からの相談に応じ，必要な情報の提供などの便宜を供与し，権利擁護のために必要な援助を行います。各自治体における自立支援協議会において，市町村内の相談支援体制の整備状況やニーズ等を勘案し，本事業によって配置すべき専門的職員について協議し，事業実施計画を作成することを目的としています。この結果，専門的な相談支援等を要する困難ケース等への対応が可能となり，市町村の相談支援事業の機能強化につながります。

複数の専門機関や事業者が連携して支援を行う場合や，支援が長期にわたって，時期に応じて支援の体制や支援計画を見直していく必要があるケースもあり，相談支援事業者の果たす役割は非常に大きなものがあります。国は今までの障害者自立支援法の枠組みを改正して，総合的に障害者制度を変える「障がい者制度改革推進」を進めており，そのなかで，相談支援事業については，強化かつ拡大の方向でとらえています。

地域で障害のある人とともに生きていくために，どういう協働があり得るか，一人ひとりの市民意識が問われています。

学びを深めるために

相談支援事業そのものについての解説書は，現時点で刊行されていないが，障害者自立支援法に関する本が多数出ているので，読むことを薦める。国は，障がい者制度改革推進会議を設置し新制度への移行を検討しているが，新体制の必要性はどこにあるかを知るためにも現行制度の自立支援法の勉強は必要である。

伊藤周平『障害者自立支援法と権利保障』明石書店，2009年
　社会保障法の専門家がそれらの論点を整理し，今後制度をどう変えていくべきか，さらに障害者の権利保障のあり方について考察する。
岡部耕典『ポスト障害者自立支援法の福祉政策―生活の自立とケアの自律を求めて―』明石書店，2010年
　本書は，2009年の民主党政権誕生後，廃案が打ち出された障害者自立支援法に代わり現在進行中の「ポスト障害者自立支援法」の制度構想について検討を加えたもの

- 相談支援事業とは何か説明しなさい。
- 基幹相談支援センターについて述べなさい。

福祉の仕事に関する案内書

上田敏『リハビリテーションの思想―人間の復権の医療を求めて 第2版』医学書院，2001年
湯浅誠『反貧困』岩波新書，2008年

第10章 障害者に関する法律

1 身体障害者福祉法

（1）身体障害者福祉法の制定の経緯
　身体障害者福祉法は，戦後まもない1949（昭和24）年に制定され，翌1950（昭和25）年から施行された。軍人以外の一般の身体障害者に対し，また貧困政策とは別の独自の施策として制定された最初の法律であった。当初は，職業的な更生を主目的としていたが，その後，重度障害者も対象として今日に至っている。

（2）身体障害者福祉法の目的
　身体障害者の自立と社会経済活動への参加を促進するため，身体障害者を援助し，および必要に応じて保護し，もって身体障害者の福祉の増進を図ることを目的とする（第1条）。

（3）身体障害者福祉法における身体障害者
　「身体障害者とは，別表（図表10－1参照）に掲げる身体上の障害がある18歳以上の者で都道府県知事から身体障害者手帳の交付を受けたもの」（第4条）と定義している。

図表10－1　別表（第4条，第5条，第16条関係）

一　次に掲げる視覚障害で，永続するもの 　1　両眼の視力（万国式試視力表によって測ったものをいい，屈折異常がある者については，矯正視力について測ったものをいう。以下同じ。）がそれぞれ0.1以下のもの 　2　一眼の視力が0.02以下，他眼の視力が0.6以下のもの 　3　両眼の視野がそれぞれ10度以内のもの 　4　両眼による視野の2分の1以上が欠けているもの 二　次に掲げる聴覚又は平衡機能の障害で，永続するもの 　1　両耳の聴力レベルがそれぞれ70デシベル以上のもの 　2　一耳の聴力レベルが90デシベル以上，他耳の聴力レベルが50デシベル以上のもの 　3　両耳による普通話声の最良の語音明瞭度が50パーセント以下のもの 　4　平衡機能の著しい障害 三　次に掲げる音声機能，言語機能又はそしゃく機能の障害 　1　音声機能，言語機能又はそしゃく機能の喪失 　2　音声機能，言語機能又はそしゃく機能の著しい障害で，永続するもの 四　次に掲げる肢体不自由 　1　一上肢，一下肢又は体幹の機能の著しい障害で，永続するもの 　2　一上肢のおや指を指骨間関節以上で欠くもの又はひとさし指を含めて一上肢の二指以上をそれぞれ第一指骨間関節以上で欠くもの 　3　一下肢をリスフラン関節以上で欠くもの 　4　両下肢のすべての指を欠くもの 　5　一上肢のおや指の機能の著しい障害又はひとさし指を含めて一上肢の三指以上の機能の著しい障害で，永続するもの 　6　1から5までに掲げるもののほか，その程度が1から5までに掲げる障害の程度以上であると認められる障害 五　心臓，じん臓又は呼吸器の機能の障害その他政令で定める障害で，永続し，かつ，日常生活が著しい制限を受ける程度であると認められるもの

注）五の「政令で定める障害」とは「身体障害者福祉法施行令」（第36条）により，ぼうこうまたは直腸の機能，小腸の機能，ヒト免疫不全ウイルスによる免疫の機能，肝臓の機能の障害が定められている。

(4) 身体障害者手帳

身体障害者手帳の申請・交付は，都道府県知事が指定する医師による診断書・意見書を添付し，福祉事務所長（福祉事務所を設置しない町村の場合は，町村長）を経由して，都道府県知事（指定都市長，中核市長）に申請し，交付される。障害程度等級は重度の1級から7級まであり，7級の障害は単独では手帳交付の対象にならないが，重複する場合は対象となる（第15条，第16条）。

(5) 身体障害者福祉法の実施体制

身体障害者の居住地の市町村が実施機関となっている。これまで身体障害者福祉法に規定されていた障害福祉サービスは，自立支援法に再編され，利用契約制度となっているが，措置の場合もある。

障害福祉サービス，障害者支援施設への入所等の措置

市町村は，障害者自立支援法による障害福祉サービス（療養介護，施設入所支援を除く）を必要とする身体障害者が，やむをえない理由により介護給付費等の支給を受けることが著しく困難な時は，障害福祉サービスを提供，または提供を委託する措置をとることができる。

市町村は，障害者支援施設等への入所を必要とする身体障害者が，やむをえない事由により，介護等給付の支給を受けることが著しく困難な時は，障害者支援施設等に入所させ，または入所・入院を委託する措置をとらなければならない（第18条）。

(6) 身体障害者更生相談所

都道府県に必ず設置し，① 市町村の行う援護について，市町村相互の連絡調整や市町村に対する情報提供等を行い，② 身体障害者の福祉に関し，広域的見地からの実情の把握，専門的知識・技術を要する相談・指導，身体障害者の医学的・心理的・職能的判定，（必要に応じ）補装具の処方，適合判定を行う，③ 自立支援法における支給要否決定の際に意見を述べたり，障害者・家族・医師その他の関係者の意見を聴く，④ 自立支援医療・補装具費の支給の決定に対して意見を述べる，等の業務を行う。身体障害者福祉司を配置している（第11条）。

(7) 身体障害者社会参加支援施設

身体障害者福祉法において，身体障害者社会参加支援施設として，身体障害者福祉センター（第31条），補装具製作施設（第32条），視聴覚障害者情報提供施設（第34条），盲導犬訓練施設（第33条）が規定されている。

措置

いわゆる「福祉六法」に規定されている「福祉の措置」を実施する行政機関の措置権に基づいて，福祉サービスの提供に関する決定をすること。措置権者による入所措置は行政処分であり，措置権者による民間社会福祉施設への措置委託は公法上の契約とされている。国は行政処分について，行政機関が一方的な措置決定を行い，利用者は反射的利益を受けるにすぎない（反射的利益権）という見解を示している。福祉ニーズが多様化し，サービスの供給主体も多元化しつつある今日，措置制度から契約制度へと転換する潮流にある。

2　知的障害者福祉法

(1) 知的障害者福祉法の制定の経緯

知的障害児の処遇については、戦後、1947（昭和22）年の児童福祉法の制定により、児童相談所及び精神薄弱児施設等が設けられ一定の進展をみた。しかし、18歳を超えた知的障害者の処遇が問題となり、1960（昭和35）年に精神薄弱者福祉法が制定された。「精神薄弱者に対し、その更生を援助するとともに必要な保護を行い、もって精神薄弱者の福祉を図ること」を目的とし、精神薄弱者援護施設の法定化が中心であった。1998（平成10）年9月に「精神薄弱」という用語が「知的障害」に改められ、法律名も「知的障害者福祉法」となった。

> **精神薄弱**
> 1920年代から使われてきたが、精神・人格全般を否定するような響きがある、知的な発達に関わる障害の実際を表していない、ということで、知的障害に置き換えられた。

(2) 知的障害者福祉法の目的

知的障害者の自立と社会経済活動への参加を促進するため、知的障害者を援助するとともに必要な保護を行い、もって知的障害者の福祉の増進を図ることを目的とする（第1条）。

(3) 知的障害者福祉法における知的障害者

この法律では、知的障害の法的定義を設けておらず、社会通念上知的障害と考えられるものと解釈されている。

(4) 知的障害者福祉法の実施体制

知的障害者の居住地の市町村が実施機関となっている（第9条）。これまで知的障害者福祉法に規定されていた障害福祉サービスは障害者自立支援法に再編され利用契約制度となっているが、措置の場合もある。

1) 障害福祉サービスの提供等の措置

市町村は、障害者自立支援法による障害福祉サービス（療養介護・施設入所支援を除く）を必要とする知的障害者が、やむを得ない事由により介護給付費等の支給を受けることが著しく困難な時は、障害福祉サービスを提供または提供を委託する措置をとることができる（第15条4項）。

2) 障害者支援施設等への入所等の措置

市町村は、障害者支援施設等への入所を必要とする知的障害者が、やむを得ない事由により、自立支援法による介護給付費等（療養介護等に係るものに限る）の支給を受けることが著しく困難な時は、障害者支援施設等へ入所、または入所の委託の措置をとらなければならない。

その他、必要に応じ、知的障害者またはその保護者への知的障害者福祉司・社会福祉主事による指導、職親への知的障害者の更生援護の委託の措置をとら

> **職親**
> 知的障害者を自己の下に預かり、その更生に必要な指導訓練を行うことを希望する者であって、市町村長が適当と認めるものをいう。

なければならない（第16条）。

(5) 知的障害者更生相談所

都道府県は必ず設置し，知的障害者の福祉について家庭その他からの相談に応じ，医学的・心理学的・職能的判定とこれに付随して必要な指導を行い，また障害者自立支援法に基づく介護給付費等の支給決定に当たって市町村に意見を述べることを業務とする（第12条）。知的障害者福祉司を配置している（第13条）。

(6) 療育手帳制度

知的障害者福祉法では「知的障害」の定義はされていない。しかし，1973年9月27日に当時の厚生省が出した通知「療育手帳制度について」（厚生省発児第156号厚生事務次官通知）「療育手帳制度の実施について」（児発第725号児童家庭局長通知）により，療育手帳制度が開始された。

療育手帳の申請・交付は，福祉事務所長（福祉事務所を設置しない町村の場合は，町村長）を経由して，都道府県知事（政令指定都市長）に申請し，児童相談所または知的障害者更生相談所の判定に基づいて交付される。

その判定基準は，下記のように，日常生活において常時介護を必要とするものを重度としてA区分，A区分以外のものをB区分としている。

A区分（重度）：知能指数がおおむね35以下又は50以下で1級から3級の身体障害を合併するものであって，次のいずれかに該当するもの。
　ア．日常生活における基本的な動作（食事，排せつ，入浴，洗面，着脱衣等）が困難であって，個別的指導及び介助を必要とする。
　イ．失禁，異食，興奮，多寡動その他の問題行動を有し，常時注意と指導を必要とする。
B区分：A区分以外

通知は技術的助言（ガイドライン）という位置づけで，都道府県（指定都市）ごとに独自の手帳が交付されており，共通化されていない。中等度の区分を設けている場合もある。また，通知ではどこからを知的障害とするのか規定していない。厚生労働省が2005（平成17）年に実施した知的障害児（者）基礎調査においては，知的障害を「知的機能の障害が発達期（おおよそ18歳まで）にあらわれ，日常生活に支援が生じているため，何らかの特別な援助を必要とする状態にあるもの」と定義し，次の（a）（b）のいずれにも該当するものとしている。

(a)「知的機能の障害」について
標準化された知能検査（ウェクスラーによるもの，ビネーによるものなど）

によって測定された結果，知能指数がおおむね70までのもの。

(b)「日常生活能力」について

日常生活能力（自立機能，運動機能，意思好感，探索操作，移動，生活文化，職業等）の到達水準が総合的に同年齢の日常生活能力水準のa, b, c, d（1975年の知的障害者実態調査で用いられた判定資料（図表10－2参照）の最重度，重度，中度，軽度を指す）のいずれかに該当するもの。

図表10－2　日常生活能力に関する参考資料（1975年の知的障害実態調査で用いられたもの）

	軽度	中度	重度	最重度
5歳以下	・日常会話はどうにかできる ・数の理解はすこし遅れている ・運動機能の目立った遅れは見られない ・身のまわりの始末は大体できるが不完全	・言語による意思表示はいくらかできる ・数の理解に乏しい ・運動機能の遅れが目立つ ・身のまわりの始末は部分的に可能 ・集団遊びは困難	・ことばがごく少なく意思の表示は身振りなどで示す ・ある程度の感情表現はできる（笑ったり，怒ったり等） ・運動機能の発達の遅れが著しい ・身のまわりの始末はほとんどできない ・集団遊びはできない	・言語不能 ・最小限の感情表示（快，不快等） ・歩行が不能又はそれに近い ・食事・衣服の着脱などはまったくできない
6歳～11歳	・普通の学級における学習活動についていくことは難しい ・身辺処理は大体できる ・比較的遠距離でも一人で通学できる	・日常会話はある程度可能 ・数の理解が身につき始める ・身辺処理は大体できるが不完全 ・ゲーム遊びなどの集団行動はある程度可能	・言語による意思表示はある程度可能 ・読み書きの学習は困難である ・数の理解に乏しい ・身近なものの認知や区別はできる ・身辺処理は部分的に可能 ・身近な人と遊ぶことはできるが長続きしない ・ごく簡単なお手伝いはできる	・言語は数語のみ ・数はほとんど理解できない ・食事，衣服の着脱など一人ではほとんどできない ・一人遊びが多い
12歳～17歳	・小学校3～4年生程度の学力にとどまる ・抽象的思考や合理的判断に欠ける ・身辺処理は普通児並にできる ・基本的な作業訓練は可能である	・小学校2～3年生程度の学力にとどまる ・身辺整理は大体できる ・簡単なゲームのきまりを理解する ・単純な作業に参加できる		
18歳以上	・小学校5～6年生程度の学力にとどまる ・抽象的思考や合理的判断に乏しい ・事態の変化に適応する能力は弱い ・職業生活はほぼ可能	・簡単な読み書きや金銭の計算ならばできる ・適切な指導のもとでは対人関係や集団参加がある程度可能 ・単純作業に従事できる	・日常会話はある程度できる ・ひらがなはどうにか読み書きできる ・数量処理は困難 ・身辺処理は大体できる ・単純作業にある程度従事できる	・会話は困難 ・文字の読み書きはできない ・数の理解はほとんどできない ・身辺処理はほとんど不可能 ・作業能力はほとんどない
標準化されたテストによる指数（IQ, SQ, DQ）	75	50	35	20

資料）厚生労働省
注）障害の程度に関しては，2005年の知的障害児（者）基礎調査において，1. 知能検査，2. 日常生活能力，3. 保健（看護・服薬等）・行動面（行動上の障害）も考慮するとされた。知能指数と日常生活能力だけではなく，支援の必要度に着目する方向になってきている。

3　精神保健及び精神障害者福祉に関する法律（精神保健福祉法）

（1）精神保健福祉法の制定の経緯

　1950（昭和25）年に「精神衛生法」が成立し，私宅監置の廃止，都道府県の精神病院の設置義務，精神衛生鑑定医制度の創設等が行われた。1987（昭和62）年には「精神保健法」に改正され，措置入院，医療保護入院，任意入院など入院形態の明確化，入院患者に対する権利擁護，精神保健指定医，精神医療審査会，精神障害者社会復帰施設などが制度化された。1995（平成7）年には，法の名称に「福祉」という言葉が入り，「精神保健及び精神障害者福祉に関する法律」に改正された。

（2）精神保健福祉法の目的

　精神障害者の医療及び保護を行い，障害者自立支援法と相まって社会復帰の促進，自立と社会経済活動への参加の促進のための援助を行う。また発生の予防その他国民の精神的健康の保持と増進に努めることによって，精神障害者の福祉，国民の精神保健の向上を図ること，を目的としている（第1条）。

（3）精神保健福祉法における精神障害者

　統合失調症，精神作用物質による急性中毒・依存症，知的障害，精神病質その他の精神疾患を有する者と定義されている（第5条）。ただし知的障害に対する福祉は知的障害者福祉法が対応しているので，精神保健福祉法では規定されていない。

（4）精神保健福祉法の実施体制

　障害福祉サービスや通院医療費の公費負担については，障害者自立支援法に再編されて，市町村が実施機関となっている。精神保健福祉センターが技術的中核となり，保健所が広域調整を担っている（第46条～50条）。

（5）精神保健福祉センター

　都道府県（指定都市）に設置され，①精神保健及び精神障害者の福祉に関する知識の普及を図り，及び調査研究を行うこと，②精神保健及び精神障害者の福祉に関する相談及び指導のうち複雑又は困難なものを行うこと，③精神医療審査会の事務を行うこと，④障害者自立支援法における自立支援医療費の支給認定にかかる精神障害者の専門的な知識及び技術を必要とするものを行うこと，⑤障害者自立支援法における市町村の支給要否決定を行うに当たり意見を述べること，⑥市町村に対し，技術的事項についての協力その他必要な援助を行うこと等の業務を行う（第6条，7条，8条）。

精神医療審査会

患者の人権擁護の観点に立って，退院請求および処遇改善請求に関する審査および医療保護入院の届出，措置入院・医療保護入院の定期病状報告の審査を行う機関である。都道府県知事は，退院請求および処遇改善請求をうけたときは，精神医療審査会に審査を求め，精神医療審査会は審査を行い，その結果を都道府県知事に報告しなければならない。公正かつ専門的見地から判断を行う機関を設けるべきであるとする要請を踏まえ，運営マニュアルが現厚生労働省通知として定められている。

(6) 医療および保護

自らの意思による入院である任意入院（第22条3），警察官からの通報，届出等により都道府県知事（指定都市長）が精神保健指定医（精神医療を行うのに必要な知識や技能を有すると認められるものを厚生労働大臣が指定）2人以上に診察させ，自傷他害のおそれがあると認めた場合に行う（第29条）措置入院（全額公費負担），急速を要する場合は指定医1名の診察により72時間に限って行う緊急措置入院（第29条2），指定医の診察の結果，精神障害者であり，かつ医療及び保護のための入院の必要がある場合に，本人の同意がなくとも，保護者の同意に基づき行う医療保護入院（第33条），指定医の診察の結果，自傷他害のおそれはないものの，直ちに入院させなければ本人の医療及び保護を図る上で著しく支障がある際に，急速を要し保護者の同意を得ることができない場合（身元不明等の場合も）において，本人の同意なしに72時間に限り入院させることができる応急入院（応急入院指定病院のみで実施）（第33条4）がある。入院する患者に対しては，入院形態，入院中の制約や権利，退院の請求権について告知義務がある。

(7) 精神障害者保健福祉手帳

精神障害者（知的障害者を除く）は，その居住地の都道府県知事（市町村長を経由して）に精神障害者保健福祉手帳の交付を申請することができる（第45条）。都道府県知事は，申請者が政令で定める精神障害の状態にあると認めたときは，精神障害者保健福祉手帳を交付しなければならない。障害等級は，図表10－3のとおりである。

図表10－3　精神障害者保健福祉手帳の障害等級

級	障害の状態
1級	日常生活の用を弁ずることを不能ならしめる程度のもの
2級	日常生活が著しい制限を受けるか，または日常生活に著しい制限を加えることを必要とする程度のもの
3級	日常生活もしくは社会生活が制限を受けるか，または日常生活もしくは社会生活に制限を加えることを必要とする程度のもの

4　発達障害者支援法

(1) 発達障害者支援法の制定の経緯

これまで知的障害をともなわない発達障害は，福祉の谷間として取り残され，その発見や対応が遅れがちであった。

そこで，「発達障害者の心理機能の適正な発達及び円滑な社会生活の促進のために発達障害の症状の発現後できるだけ早期に発達支援を行う事が特に重要

であることにかんがみ，発達障害を早期に発見し，発達支援を行うことに関する国及び地方公共団体の責務を明らかにするとともに，学校教育における発達障害者の支援，発達障害者の就労の支援，発達障害者支援センターの指定等について定めることにより，発達障害者の自立及び社会参加に資するようその生活全般にわたる支援を図り，もってその福祉の増進に寄与することを目的」（第1条）として，発達障害者支援法が2004（平成16）年12月に成立し，2005（平成17）年4月より施行された。

　この法の対象者は，「自閉症・アスペルガー症候群その他の広汎性発達障害，学習障害（LD），注意欠陥多動性障害（AD/HD）その他これに類する脳機能の障害であってその症状が通常低年齢で発現するものとして政令で定めるものをいう」（第2条1項）と規定され，政令で定める障害は，発達障害者支援法施行令第1条では「言語の障害，協調運動の障害その他厚生労働省令で定める障害」とされ，厚生労働省令で定める障害とは，発達障害者支援法施行規則では「心理的発達の障害並びに行動及び情緒の障害」としている。また，てんかんなどの中枢神経系の疾患，脳外傷や脳血管障害の後遺症が前記の障害をともなうものも含むとしている（平成17年4月1日「発達障害者支援法の施行について」厚生労働省発障第0401008号）。

　元来，発達障害は知的障害を含む包括的な概念であるが，発達障害者支援法では限定的に用いられている。

（2）発達障害者支援センターの役割

　発達障害者支援センターは，発達障害児（者）への支援を総合的に行うことを目的とした専門的機関である（第14～19条）。都道府県・政令指定都市自ら，または都道府県知事等が指定した社会福祉法人，特定非営利活動法人等が運営している。47都道府県すべて，政令指定都市のほとんどで設置されている。

　発達障害児（者）とその家族が豊かな地域生活を送れるように，保健，医療，福祉，教育，労働などの関係機関と連携し，地域における総合的な支援ネットワークを構築しながら，発達障害児（者）とその家族からのさまざまな相談に応じ，指導と助言を行う。

　事業内容としては，①相談支援，②発達支援，③就労支援，④普及啓発研修である。専任職員3名に加えてセンター長（兼務可）の体制で，広大な地域を管轄しており，保育所・学校・福祉施設・企業などへの機関支援（間接支援）に重点が置かれるようになっている。また，市町村への間接支援が課題となっている。

**注意欠陥／多動性障害
(Attention-Deficit/
Hyperactivity Disorder：ADHD)**

ADHDは，1980年のDMS-Ⅲにおいて，「注意欠陥障害」の名称で登場した。伝統的に「微細脳損傷」（MBD）という漠然とした診断名が与えられてきたもののうち，行動面での問題に焦点を当てたものがADHDであり，認知・学習の特性を捉えたものが学習障害といえる。現在使用されているDSM-ⅣでもADHDと学習障害は別の概念として規定されているが，両者の合併がしばしばみられることから密接な関連をもつものと考えられる。ADHDは不注意，多動性，衝動性の3つの行動特性により診断される。まず，診断基準の第一が「不注意」であり，順序だてて物事を考えたり，根気良く課題をこなすことがむずかしい。また，ちょっとした周囲の刺激で気が散ってしまう，といったことであらわされる。次に，常に動き回っているという症状の「多動性」，続いて「思いつくとなんでもすぐにやってしまう」「結果を考えないで危険な行為を起こしやすい」といった「衝動性」である。以上の3症状からして，ADHD児は叱られる機会が多いため，自己評価が下がりがちとなり思春期になると自棄的になったり非行などの「行為障害」に移行してしまうことがある。そのための対応としては，まず背景に「障害」があるという事実を認識し，その特性に合わせた環境作りがあり，さらに並行して，リタリン（一般名メチルフェニデート）等による薬物療法が行われる。

5　障害者基本法

(1) 障害者基本法の制定の経緯

　障害者基本法は，1993（平成5）年，心身障害者対策基本法の一部改正および名称変更で成立した。障害者福祉を総合的に推進するための基本理念，目的，国や地方公共団体の責務，施策の総合的体系と基本方針を明記した。

　2006（平成18）年12月に国連総会で「障害者の権利条約」が採択され，2008（平成20）年5月に発効した。批准に必要な国内法の整備を行うにあたり，障害者基本法の改正が焦点となった。改正障害者基本法が2011（平成23）年7月29日に成立し，8月5日に施行（一部除く）された。

(2) 改正障害者基本法（平成23年）の内容

1) 目的規定の見直し（第1条関係）

　「<u>全ての国民が，障害の有無にかかわらず，等しく基本的人権を享有するかけがえのない個人として尊重されるものであるとの理念にのっとり，全ての国民が，障害の有無によって分け隔てられることなく，相互に人格と個性を尊重し合いながら共生する社会を実現するため</u>，障害者の自立及び社会参加の支援等のための施策に関し，基本原則を定め，及び国，地方公共団体等の責務を明らかにするとともに，障害者の自立及び社会参加の支援等のための施策の基本となる事項を定めること等により，障害者の自立及び社会参加の支援等のための施策を総合的かつ計画的に推進すること（下線部が追加）」が目的とされた。

2) 定義の見直し（第2条関係）

　「『障害者』とは，身体障害，知的障害，精神障害（発達障害を含む）その他の心身の機能の障害（以下「障害」と総称する）がある者であって，障害および社会的障壁により継続的に日常生活又は社会生活に相当な制限を受ける状態にあるものをいう。『社会的障壁』とは，障害がある者にとって日常生活又は社会生活を営む上で障壁となるような社会における事物，制度，慣行，観念その他一切のものをいう」と定義に「社会的障壁」が加えられ，「障害の社会モデル」の視点が取り入れられた。

3) 地域社会における共生等（第3条関係）の新設

　目的に規定する社会の実現は，全ての障害者が，障害者でない者と等しく，基本的人権を享有する個人としてその尊厳が重んぜられ，その尊厳にふさわしい生活を保障される権利を有することを前提としつつ，次に掲げる事項を旨として図られなければならない。

　1. 全て障害者は，社会を構成する一員として社会，経済，文化その他あらゆる分野の活動に参加する機会が確保されること。

　2. 全て障害者は，可能な限り，どこで誰と生活するかについての選択の機

障害の社会モデル

障害を身体的制約（インペアメント）としてではなく，身体的制約（インペアメント）をもつ人が，社会の主要な諸活動から排除されていることが障害であるとして，社会的障壁に焦点をあてた。

会が確保され，地域社会において他の人びとと共生することを妨げられないこと。

3．全て障害者は，可能な限り，言語（手話を含む）その他の意思疎通のための手段についての選択の機会が確保されるとともに，情報の取得又は利用のための手段についての選択の機会の拡大が図られること。

4） 差別の禁止（第4条関係）の新設

1．何人も，障害者に対して，障害を理由として，差別することその他の権利利益を侵害する行為をしてはならない。

2．社会的障壁の除去は，それを必要としている障害者が現に存し，かつ，その実施にともなう負担が過重でないときは，それを怠ることによって前項の規定に違反することとならないよう，その実施について必要かつ合理的な配慮がされなければならない。

3．国は1.の規定に違反する行為の防止に関する啓発および知識の普及を図るため，当該行為の防止を図るために必要となる情報の収集，整理及び提供を行うものとする。

> **合理的配慮**
> 障害者が基本的人権と自由を享有できるようにするため，必要かつ適切な措置をとることを意味する。

5） 基本的施策について

これまでの，医療・介護等（第14条），教育，職業相談等（第18条），雇用の促進等（第19条），住宅の確保（第20条），公共的施設・情報利用のバリアフリー化等（第21，22条），相談等（第23条），経済的負担の軽減（第24条），文化的諸条件の整備（第25条）という項目に加え，新たに①療育（第17条），②防災及び防犯（第26条），③消費者としての障害者の保護（第27条），④選挙等における配慮（第28条），⑤司法手続きにおける配慮等（第29条），⑥国際協力等（第30条）が規定された。

6） 障害者政策委員会等

国に障害者政策委員会（第32〜35条），地方に審議会その他の合議制の機関を置き（第36条），障害者基本計画（国）・障害者計画（地方）に関する意見具申，実施状況の監視及び勧告等を行う。

> **心神喪失・心神耗弱**
> 心神喪失とは是非善悪を弁識する能力（事理弁識能力）またはそれに従って行動する能力（行動制御能力）が失われた状態のことであり，心神耗弱はそれが著しく減退している状態をさす。

6 その他の法律

(1) 心神喪失等の状態で重大な他害行為を行った者の医療及び観察等に関する法律（医療観察法）

1） 医療観察法の制定の経緯

心神喪失・心神耗弱等の状態で，重大な他害行為を行った者に対し「精神保健及び精神障害者福祉に関する法律（精神保健福祉法）」に基づく措置入院等により対応されてきたが，2001（平成13）年，大阪の池田小事件を契機に刑法見直し論議が活発化し，2003（平成15）年7月に「心神喪失等の状態で重大な

> **池田小事件**
> 2001年6月8日，大阪教育大学附属池田小学校に凶器を持った男（当時37歳）が侵入し，次々と児童を襲撃し，児童8名が殺され，児童13名・教諭2名が傷害を負った。男が逮捕当初は精神障害者を装っていた事や，犯行と精神障害とを結びつけた報道等により，精神障害者の責任能力と処遇が問題とされた。なお当事件の被告については完全責任能力を認めて死刑判決が下され，「医療観察法」があっても対象にはならなかった事件である。

他害行為を行った者の医療及び観察等に関する法律」（以下，医療観察法）が成立した。

2）処遇決定の仕組み

殺人や放火，強盗，強姦，強制わいせつ（以上は未遂を含む）及び傷害容疑で逮捕された者のうち，心身喪失等により，不起訴処分か無罪等が確定して刑務所に行かなかった者を対象として，検察官は医療観察法による医療及び観察を受けさせるべきかを地方裁判所に申し立てを行う。鑑定を行う医療機関への入院が行われ，裁判官1名と精神保健裁判員（医師）1名の「合議体」による審判で，処遇の要否と内容が決定される。

3）医療観察法による入院医療

審判の結果，入院医療の決定を受けた人は，厚生労働大臣が指定した医療機関（指定入院医療機関）において，「入院処遇ガイドライン」（平成17年7月14日障精発第0714002号）に基づく医療プログラムを受ける。

4）医療観察法による地域処遇

通院医療の決定を受けた人，及び退院を許可された人について保護観察所の社会復帰調整官（精神保健福祉士）が中心となって作成する処遇実施計画に沿って，厚生労働大臣が指定した医療機関（指定通院医療機関）において，「通院処遇ガイドライン」（平成17年7月14日障精発第0714002号）に基づく医療プログラムを受ける。また「地域社会における処遇のガイドライン」（平成17年7月14日障精発第0714003号）に基づいて，指定通院医療機関の他，精神保健福祉センター・保健所，市町村・福祉事務所，障害福祉サービス事業者等の機関との連携を図りながら処遇を行う。

(2) 高齢者，障害者等の移動等の円滑化の促進に関する法律（バリアフリー新法）

1）バリアフリー新法の制定の経緯

1994（平成6）年には，「高齢者，身体障害者等が，円滑に利用できる特定建築物の建築の促進に関する法律」（ハートビル法）が制定された。多数の者が利用する特定建築物について，バリアフリーデザイン基準を設け，優れた整備を行う建築主に対して税制上の優遇措置や容積率の割り増し制度を設け，建築工事費の助成・融資を行った。2002（平成14）年の改正では，デパート，ホテル，老人ホームなどの特別特定建築物を新築する場合（2,000㎡以上）には，基準適合義務を課した。

2000（平成12）年には，「高齢者，身体障害者等の公共交通機関を利用した移動の円滑化の促進に関する法律」（交通バリアフリー法）が制定され，駅・ターミナル，鉄道車両，バス，旅客船，航空機などのバリアフリー化を規定した。

バリアフリー (barrier free)

バリア（障壁，障害）を取り除くこと．全米建築基準協会（ANSI）による「身体障害者にアクセスしやすく使用しやすい建築・施設設備に関するアメリカ基準仕様書」(American Standard Specifications for Making Buildings and Facilities Accessible to, Usable by, the Physically Handicapped, 1961)において世界で初めて障害者配慮設計のための基準として策定され，国連障害者生活環境専門会議報告書「バリアフリーデザイン」(Barrier Free Design, 1974)により普及した．わが国においては，障害者の生活圏拡大運動を背景とする「福祉のまちづくり」の具体的課題として登場した．今日では，すべての人びとの活動や社会参加の促進をめざして，物理的バリアフリー，心理的バリアフリー，制度的バリアフリー，情報のバリアフリーなど物心両面におけるバリアの除去が求められている．

2006（平成18）年には，これまで別々の法律だったハートビル法と交通バリアフリー法が一本化され，新たに「高齢者，障害者等の移動等の円滑化の促進に関する法律（バリアフリー新法）」となった。建築物，交通機関，歩行空間のバリアフリーを一体的・連続的に促進していこうとするものである。

2） バリアフリー新法の内容

関係省庁の大臣は，移動等の円滑化の促進に関する基本指針を定めることとされている。対象者を身体障害者に限らず，知的・精神・発達障害者等すべての障害者とした。

また建築物，公共交通機関に加えて新たに道路，路外駐車場，都市公園，福祉タクシーが追加された。事業者は，新築・大規模改修の場合には，「移動等円滑化基準（バリアフリー化基準）」への適合義務が課せられ，既存建築物についても基準適合の努力義務が盛り込まれた。

さらに市町村は，当事者を含めた住民参加の協議会を設置し，駅などを含む重点整備地区を指定して，バリアフリー化の基本構想を策定することとなった。

（3）障害者の雇用の促進等に関する法律（障害者雇用促進法）

1） 障害者雇用促進法の制定の経緯

障害者の雇用に関する法律は，1960（昭和35）年に身体障害者を対象とした「身体障害者雇用促進法」にはじまった。1987（昭和62）年に「障害者の雇用の促進等に関する法律（以下，障害者雇用促進法という）」と改称し，同法の対象者が身体障害者から知的障害者および精神障害者にまで拡大された。また雇用の促進に加え，雇用の安定を図ること，および職業リハビリテーション対策を推進することなどを内容とする改正が行われた。

この法律の目的は，「身体障害者又は知的障害者の雇用義務等に基づく雇用の促進等のための措置，職業リハビリテーションの措置その他障害者がその能力に適合する職業に就くこと等を通じてその職業生活において自立することを促進するための措置を総合的に講じ，もつて障害者の職業の安定を図ること」（第1条）である。

2） 雇用率制度

障害者雇用促進法では，事業主に対して，障害者雇用率（法定雇用率）に相当する身体障害者または知的障害者の雇用を義務づけている（第37～48条）。

常用雇用労働者が56人以上の民間企業では1.8%，国・地方公共団体・特殊法人・独立行政法人は2.1%，都道府県等の教育委員会では2.0%の法定雇用率が設定されている。精神障害者（精神障害者保健福祉手帳保持者）については雇用義務の対象ではないが，実際に雇用していれば雇用率に算定することができる。

3）納付金制度

法定雇用率が未達成の事業所は，法律上雇用しなければならない障害者数に対して足りない障害者数に応じて納付金（不足する人数につき，1人当たり月5万円）を国に納めなければならない（第53～68条）。一方で法定雇用率を上回っている事業所に対しては，超える人数につき1人当たり月2万7,000円の調整金を支給する（第49～52条）。納付金の徴収は，常用雇用労働者301人以上の事業所に限定されてきたが，2010（平成22）年からは201人以上，2015（平成27）年からは101人以上の事業所にも拡大されることとなった（経過措置あり）。障害者雇用納付金は罰金ではなく，納付金を支払っても障害者の雇用義務を免れるものではない。

4）職業リハビリテーションの実施

障害者雇用促進法は，公共職業安定所（ハローワーク）（第9～18条），障害者職業センター（第19～26条），障害者就業・生活支援センター等（第33～36条）において，障害者に対して職業指導，職業訓練，職業紹介など職業生活上の自立をはかる措置を講じることを定めている。

プロムナード

2011（平成23）年7月29日に障害者基本法が改正されました。2010（平成22）年1月，内閣府に，構成員のほぼ半数が身体障害者・知的障害者・精神障害者などの障害当事者からなる障がい者制度改革推進会議が設置されました。障害者基本法の改正についての議論が行われ，12月には第二次意見書がまとめられました。こうした動きのなかで，障害者基本法の改正が行われました。第二次意見書が反映された点としては，「社会的障壁」が明記され，「障害の社会モデル」的な視点が取り入れられたことや，療育や選挙等における配慮，司法手続きにおける配慮等が新設されるなどの成果がありました。一方で，「可能なかぎり」という文言が頻繁に用いられるなど，権利性が弱まっています。予算がないからできないではなくて，最大限尽力することを意味するように監視していく必要があるでしょう。さらに障害者の権利条約のように「合理的配慮がない事が差別である」との定義が明確には述べられていません。

また附帯決議において，救済の仕組みを含む差別禁止法制度，情報コミュニケーションに関する法制度，難病対策に関する制度，また災害その他の非常事態での支援体制の検討などが指摘されていますが，それらについて今後具体化していくことが重要です。

学びを深めるために

野沢和弘『条例のある街—障害のある人もない人も暮らしやすい時代に』ぶどう社，2007年
　日本ではじめての障害者への差別をなくす条例が千葉県で誕生するまでの過程について，条例づくりのための研究会の座長をつとめた著者によってまとめられたもの。

すぎうらなおみ+「しーとん」著『発達障害チェックシートできました—がっこうの　まいにちを　ゆらす・ずらす・つくる』生活書院，2010年

「発達障害」をもつ子どもたちが、いきいきと学校で学び生活するために、現場の養護教諭7人が一から作り上げた「チェックシート」本体と、その制作過程、理論的背景が本になったもの。障害の社会モデルを理解するのに役立つ。

☞ 千葉県の他に全国のどの地域で差別禁止の条例がつくられているか、調べてみよう。またそれぞれの条例を読み比べて、特徴を考えてみよう。

☞ また改正障害者基本法と読み比べてみよう。

福祉の仕事に関する案内書

横須賀俊司・松岡克尚編著『障害者ソーシャルワークへのアプローチ―その構築と実践におけるジレンマ―』明石書店、2010年

松井亮輔・川島聡編『概説 障害者権利条約』法律文化社、2010年

索　引

あ行

ICIDH（国際障害分類）　11
ICF（国際生活機能分類）　13
アフターフォロー（職場定着支援）　98
アンデルセン，H.C.　7
育成医療　58
医師　103
医師意見書　106
一次判定　107
糸賀一雄　10
医療観察法（心神喪失等の状態で重大な他害行為を行った者の医療及び観察等に関する法律）　139
医療ソーシャルワーカー　103
インクルーシブ教育　20
インクルージョン　11
ヴォルフェンスベルガー，W.　7
宇都宮病院事件　33
応益負担　58
応能負担　39, 58
近江学園　10

か行

介護・訓練支援用具　57
介護職員等によるたんの吸引等の実施のための制度について　24
看護師　103
義務的経費　71
共同生活援助　44, 53
共同生活介護　44, 53
居住支援事業　53
居宅介護　43
居宅生活動作補助用具　57
キルケゴール，S.　7
苦情解決　59
グループホーム　44, 53
グルンドヴィ，N.F.S.　7
クレチン症　3
ケア　52
ケアホーム　23, 44, 53
ケアマネジメント　95
健康診査制度　102
高額療養費制度　103
公共職業能力開発校　78
更生医療　57
交通バリアフリー法（高齢者，身体障害者等の公共交通機関を利用した移動の円滑化の促進に関する法律）　140
行動援護　43
合理的配慮　139
国際障害者年　5, 10
雇用率制度　141
コロニー　31

さ行

在宅療養等支援用具　57
裁量的経費　71
作業療法士　103
サービス担当者会議　108
支援費支給制度　22, 38
視覚障害者更生施設　54
支給認定と補装具費の支給　69
施設入所支援　44, 53
肢体不自由者更生施設　53
市町村審査会　45
市町村保健センター　104
指定管理者制度　85
指定事業者等に関する厚生労働省令　73
児童デイサービス　43
社会福祉基礎構造改革　34
社会福祉士の倫理綱領　91
就職面接会　78
重度障害者等包括支援　43
重度訪問介護　43
就労移行支援　44, 52
就労継続支援A型（雇用型）　44, 52
就労継続支援B型（非雇用型）　44, 53
障害者基本計画　32
障害者基本法　2, 92, 138
　改正障害者基本法（障害者基本法の一部を改正する法律）　14, 18, 138
障害者虐待防止法　14
障害者ケアガイドライン　95
障害者雇用促進法　141
障害者雇用率制度　76
障害者就業・生活支援センター　80
障害者就業・生活支援センター事業　70
障害者職業センター　79
障害者職業能力開発校　78
障害者自立支援法　4
障害者政策委員会　139
障害者総合福祉法　14, 22, 48
障害者に関する世界行動計画　5, 9
障害者の権利条約　6, 18
障害者の権利に関する宣言　5
障害者の雇用の促進等に関する法律　141
障害程度区分　67
障害の社会モデル　138
障害福祉計画　34
障害福祉サービス　42
障害保健福祉圏域　80
情報・意思疎通支援用具　57
職親　132
職業能力開発促進法　78
職業リハビリテーション　142
ショートステイ　43
ジョブコーチ支援　78
自立　7

自立訓練（機能訓練・生活訓練）　44, 52
自立支援医療　42
自立支援協議会　121
自立生活運動　8
自立生活支援用具・入浴補助用具　57
人格障害　3
審査請求　60
心神喪失・心神耗弱　139
身体障害者更生相談所　69, 131
身体障害者社会参加支援施設　131
身体障害者授産施設　54
身体障害者小規模通所授産施設　54
身体障害者手帳　131
身体障害者福祉工場　54
身体障害者福祉法　2, 130
身体障害者福祉ホーム　54
身体障害者療護施設　54
ストレングス視点　106
スーパーバイザー　97
生活介護　43, 52
生活の質（QOL）　18
精神医療審査会　135
精神衛生法　30
精神障害者小規模通所授産施設　56
精神障害者生活訓練施設（援護寮）　55
精神障害者通所授産施設　56
精神障害者福祉工場　56
精神障害者福祉ホーム　56
精神障害者保健福祉手帳　136
精神通院医療　58
精神薄弱　132
精神薄弱者福祉法　31
精神保健医療福祉の改革ビジョン，精神保健医療福祉の更なる改革に向けて　105
精神保健福祉士　104
精神保健福祉センター　135
精神保健福祉法（精神保健及び精神障害者福祉に関する法律）　135
生存権　30
世界人権宣言　4
世界保健機関（WHO）　3
戦傷軍人リハビリテーション法　9
染色体異常　3
先天性代謝異常　3
全日本精神薄弱者育成会　31
相談支援事業所　114, 117
ソーシャル・インクルージョン　92
ソーシャルワークの「価値」　90
措置　131
措置委託制度　38
措置制度　38

た行

高木憲次　10

短期入所　43
地域活動支援センター　53
地域生活支援事業　42, 58, 94
知的障害者更生施設　54
知的障害者授産施設　55
知的障害者小規模通所授産施設　55
知的障害者通勤寮　55
知的障害者の権利宣言　5
知的障害者福祉工場　55
知的障害者福祉法　2, 31
注意欠陥／多動性障害（ADHD）　137
聴覚・言語障害者更生施設　54
つなぎ法　65
特定疾病　46
トライアル雇用　78

な行

内部障害者更生施設　54
二次判定　107
日常生活能力　134
日中活動事業　52
ニーリェ，B.　7
認知症モデル　11
脳卒中モデル　11
納付金制度　142
ノーマライゼーション　6, 31

は行

排泄管理支援用具　57
廃用症候群モデル　11
発達障害者支援センター　137
発達障害者支援法　136
ハートビル法（高齢者，身体障害者等が，円滑に利用できる特定建築物の建築の促進に関する法律）　140
バリアフリー新法（高齢者，障害者等の移動等の円滑化の促進に関する法律）　140
バンク＝ミケルセン，N.E.　6
びわこ学園　10
フェニールケトン尿症　3
福祉事務所　71
福祉ホーム事業　53
不服審査会　45
法定雇用率　26
保健所　104
補装具　42

ら行

理学療法士　103
リハビリテーション　6, 8-11
療養介護　43, 52

わ行

ワイマール憲法　4

[編著者紹介]

成清美治（なりきよよしはる）
兵庫県生まれ
1985年　龍谷大学大学院文学研究科修士課程修了
現　職　神戸親和女子大学教授（社会福祉学博士）
主　著　『障害福祉概論』（共編著）学文社　1999
　　　　『ケアワーク論』（単著）学文社　1999
　　　　『新・ケアワーク論』（単著）学文社　2003
　　　　『新版・社会福祉援助技術』（共編著）学文社　2005
　　　　『新版・精神保健福祉』（共編著）学文社　2007
　　　　『新版・精神保健福祉援助技術Ⅰ』（共編著）学文社　2008
　　　　『新版・障害者福祉』（共編著）学文社　2008
　　　　『ケアワーク入門』（単著）　2009
　　　　『相談援助の基盤と専門職』（共編著）　2010
　　　　　　　　　　　　　　　　　　　　　　　他多数

伊藤葉子（いとうようこ）
愛知県生まれ
1994年　日本福祉大学大学院社会福祉学研究科修士課程修了
現　職　中京大学准教授
主　著　『社会福祉援助技術論』（共著）相川書房　2002
　　　　『社会福祉方法原論』（共著）みらい　2004
　　　　『三訂 新・ともに学ぶ障害者福祉』（共著）みらい　2006
　　　　『新版 社会福祉　第二版』（共著）学文社　2007
　　　　『相談援助の基盤と専門職』（共著）久美出版　2010
　　　　『市民学の挑戦』（共著）梓出版社　2008
　　　　　　　　　　　　　　　　　　　　　　　他多数

イントロダクション シリーズ 8　　障害者に対する支援と障害者自立支援法

2012年4月1日　第1版第1刷発行

編者者　成　清　美　治
　　　　伊　藤　葉　子
発行者　田　中　千津子
発行所　㈱学　文　社

郵便番号　153-0064　東京都目黒区下目黒3-6-1
電話（03）3715-1501（代表）　振替　00130-9-98842
http://www.gakubunsha.com

乱丁・落丁本は，本社にてお取替致します。　　印刷／新灯印刷株式会社
定価は，カバー，売上カードに表示してあります。〈検印省略〉
© 2012 NARIKIYO Yoshiharu and ITO Yoko Printed in Japan
ISBN 978-4-7620-1937-1

Introduction to Social Welfare
イントロダクション シリーズ
(各 B5 判並製)

1　現代社会と福祉 (第二版)
成清美治, 加納光子 編著
2010 年 3 月 10 日刊行
ISBN978-4-7620-2045-2
244 頁　2,625 円

2　保健医療サービス
児島美都子, 成清美治, 牧洋子 編著
2009 年 4 月 1 日刊行
ISBN978-4-7620-1931-9
256 頁　2,730 円

3　高齢者に対する支援と介護保険制度
成清美治, 峯本佳世子 編著
2009 年 4 月 30 日刊行
ISBN978-4-7620-1932-6
242 頁　2,625 円

4　低所得者に対する支援と生活保護制度
成清美治, 高間満, 岡田誠 編著
2010 年 3 月 10 日刊行
ISBN978-4-7620-1933-3
200 頁　2,415 円

5　相談援助の基盤と専門職
成清美治, 加納光子 編著
2010 年 3 月 30 日刊行
ISBN978-4-7620-1934-0
216 頁　2,625 円

6　児童や家庭に対する支援と児童・家庭福祉制度
成清美治, 吉弘淳一 編著
2011 年 3 月 15 日刊行
ISBN978-4-7620-1935-7
164 頁　2,100 円

7　社会保障
成清美治, 真鍋顕久 編著
2011 年 2 月 28 日刊行
ISBN978-4-7620-1936-4
200 頁　2,625 円

8　障害者に対する支援と障害者自立支援法
成清美治, 伊藤葉子 編著
2012 年 4 月 1 日刊行
ISBN978-4-7620-1937-1
156 頁　2,100 円

9　社会理論と社会システム (近刊)
成清美治, 守弘仁志 編著
ISBN978-4-7620-1938-8

(以下続刊　価格は税込)